Rosemarie Muth

Arthrose

Das basenstarke NATURION-Kochbuch

Rosemarie Muth

Arthrose

Das basenstarke
NATURION-Kochbuch

*Mit 74 Rezepten
für ein unbeschwertes Leben*

HANS-NIETSCH-VERLAG

2. Auflage März 2014

Redaktion: Martina Klose

Textbearbeitung und Lektorat: Ute Orth

Korrektorat: Petra Zwerenz

Cover: Peter Krafft

Gestaltung: Rosi Weiss

Druck: FINIDR, s.r.o., Český Těšín/Tschechische Republik

Hans-Nietsch-Verlag

Am Himmelreich 7

79312 Emmendingen

www.nietsch.de

info@nietsch.de

ISBN 978-3-86264-226-7

Inhalt

Vorwort

Basische Ernährung ist keine Mo-
deerscheinung. Schon vor zwanzig
Jahren war sie in aller Munde und
heute ist sie aktueller denn je besonders, wenn es darum geht, gesunde Ernährung zu umschreiben.
Zu diesem Thema gibt es zahlreiche
und zum Teil konträre Ansichten,
doch das Wichtigste an der basischen Ernährung ist nicht die Theorie,
sondern die Praxis, der tägliche Umgang mit basischen Lebensmitteln.
Jeden Tag eine Mahlzeit oder ein komplettes Menü auf den Tisch zu
bringen, das ist es, was in puncto basische Ernährung ungemein
schult.

Kommt dann noch der eigene Anspruch dazu, so gesund wie möglich zu kochen, zum Beispiel, weil man sich der basischen Ernährung
verschrieben hat und diese auch seinen Gästen anbieten will, dann
wird daraus ein „basenstarkes" Kochbuch wie dieses mit Rezepten, die
vielfach erprobt sind und gesunde Lebensmittel in ihrer Bestform enthalten.

Als Hauswirtschaftsmeisterin des Vegetarischen BioHotels NATU-
RION® mit angeschlossener Naturheilpraxis für Arthrose, Fibromyalgie
und Rheuma, die von meinem Mann als Heilpraktiker für biologische
Medizin geleitet wird, weiß ich bestens, wovon ich schreibe. Auch
meine Mitarbeiterin und Haustochter Justyna Hug, die trotz ihrer jungen Jahre unter meiner Führung ebenfalls Hauswirtschaftsmeisterin

geworden ist, war nicht unwesentlich am Probekochen für dieses Buch beteiligt.

Wir alle wünschen Ihnen viel Freude beim Lesen dieses Buchs und besonders beim Zubereiten der ausgewählten Rezepte. Möge mein Rezeptbuch zu einem Standardwerk Ihrer eigenen basischen Ernährung werden.

Und lassen Sie sich meine leckeren basenstarken Gerichte schmecken!

Ihre *Rosemarie Muth*

Hinterzarten, im Frühjahr 2013

Einführung

Basische Ernährung

Basische Ernährung, Basentheorie, Säure-Basen-Haushalt, all das dies hört sich nach allem Möglichen an, nur nicht nach einer schmackhaften Ernährung. Dass man sich gesund bzw. gesünder ernähren sollte, hat man schon des Öfteren gehört und sich dann schließlich auch vorgenommen, etwas dafür zu tun. Doch dann tauchen zahlreiche Fragezeichen auf. Was soll ich essen? Vielleicht weniger Fett oder Kohlenhydrate, mehr Gemüse, viel Obst? Wo soll ich anfangen? Wie weitermachen? Was ist unbedenklich? Was kann ich dann noch essen? Und vor allem: Warum sollte ich das eine essen und das andere besser weglassen?

Überprüfen Sie doch einmal Ihre tägliche Nahrung auf ihre Säure und Basen bildende Wirkung. Diese Lebensmittel also ein ausgeglichenes Verhältnis von Säuren und Basen in unserer Nahrung und unseren täglichen Essgewohnheiten sind der Schlüssel zu unserer Gesundheit.

Doch welche Nahrungsmittel sind Basen bildend? Mit wenigen Ausnahmen werden fast alle frischen und reifen Gemüse- und Obstsorten, die sehr viel Kalium, Magnesium und deren Salze enthalten, von unserem Stoffwechsel basisch verwertet.

Ein paar Basen bildende Lebensmittel als Ausgleich zu den gewohnten Säure bildenden Verlockungen zu sich zu nehmen, wäre jedoch zu einfach. Wir müssen uns von unseren Geschmacksvorstellungen lösen, denn basische Ernährung hat weniger mit Geschmack zu tun, sondern damit, wie die Nahrung, die wir täglich zu uns nehmen, von unserem Körper verstoffwechselt wird, denn „Sauer macht lustig" schmeckt uns vielleicht ganz gut, ist für unseren Körper und auf Dauer auch für unsere Gesundheit jedoch gar nicht lustig.

Schauen Sie doch einmal ihre Lebensmittelvorräte durch: Fleisch, Wurst, Fisch, Käse, Brot, Fertigprodukte, alkoholische Getränke, Bohnenkaffee etc. Alle diese Lebensmittel sind Säurebildner. Und wir ernähren uns vielleicht trotz allem vorwiegend davon. Selbst wenn wir diese Lebensmittel in Bio-Qualität zu uns nehmen, ändert das nichts daran, dass sie unseren Körper übersäuern. Was auf Dauer zur Folge hat, dass wir uns nicht mehr so leistungsstark fühlen und möglicherweise von sogenannten Zivilisationskrankheiten geplagt werden, wie Arthrose, Rheuma, chronischen Gelenkschmerzen oder Hauterkrankungen. Sie alle sind Folgeerscheinungen der durch unsere Ernährungsgewohnheiten ausgelösten Übersäuerung.

Diese Erkenntnisse sind jedoch nicht neu. Das Wissen, dass wir uns bemühen sollten, uns vorwiegend basisch zu ernähren, ist schon über 100 Jahre alt. Es wurde von dem schwedischen Biochemiker und Ernährungsforscher Carl Gustav Ragnar Berg (1873–1956) anhand einer Lebensmitteltabelle bereits 1913 zusammengestellt. Er hat schon damals dazu geraten, mehr basische als saure Nahrung zu sich zu nehmen, und zwar im Verhältnis von 80 Prozent basisch zu 20 Prozent sauer. Ragnar Berg ging von der Feststellung aus, dass unser Körper die aufgenommene Nahrung nur dann voll verwerten kann, wenn wir mehr Basen als Säuren aufnehmen. Auf dieser Grundlage beruht unser heutiges Wissen.

Basisch essen macht gesund

Ich empfehle Ihnen, mindestens eine oder zwei Wochen lang eine strenge basische Ernährung einzuhalten. Das gibt Ihrem Organismus den entscheidenden Impuls, gesund zu werden. Chronische Erkrankungen, wie etwa Arthrose, sind meist auf eine Übersäuerung des Bindegewebes zurückzuführen, und genau dagegen wirkt eine basische Ernährung wie ein regelrechter Puffer.

Stellen Sie sich einmal den Strom an Säurebildern vor, der Ihren Körper überschwemmt, wenn Sie sich jahrelang überwiegend sauer ernährt haben. Ihr Körper war ständig damit beschäftigt, die überschüssigen Säuren immer wieder im Bindegewebe oder in den Gelenken zwischenzulagern, was dann möglicherweise schließlich zu Fibromyalgie oder zu Arthrose geführt hat. Anfänglich ist der Körper damit noch fertig geworden, solange er sich die Gegenmittel aus seinen Basendepots, wie das basische Kalzium aus den Knochen, holen konnte.

Basische Ernährung in den Alltag integrieren

Starten Sie zum Frühstück am besten mit rohem Obst in den Tag und nehmen Sie dann vielleicht später noch ein zweites Frühstück mit einer Banane oder etwas rohem Gemüse zu sich. Gegen Mittag kann es auch noch eine kleine Portion Müsli sein.

Je nach Ihren Lebensumständen oder Gewohnheiten haben Sie dann die Wahl, ob Sie Ihre Hauptmahlzeit mittags oder abends zu sich nehmen wollen. Für den Mittag spräche, dass die Säureflut, mit der die Leber den Körper etwa ab 3 Uhr morgens zwölf Stunden lang überzieht, in der Mittagszeit noch nicht abgeklungen ist und Sie gut daran tun, sich bis etwa 15 Uhr überwiegend Basen bildend zu ernähren.

Wenn Sie sich dazu entschließen würden, Ihre Hauptmahlzeit, die ja für den Körper meist mit recht viel Säure Bildendem einhergeht, am Abend zu sich zu nehmen, lägen Sie in puncto Gesundheit genau richtig. Dann würde die Säureflut, die mit dem Essen in den Körper gelangt, nicht durch die Säureflut der Leber verstärkt.

Ein Obstsalat am Morgen lässt Sie gesund in den Tag starten.

Es wäre dann auch kein Beinbruch, nach dem Abendessen, das gegen 18 Uhr stattfinden sollte, zwischen 19 Uhr und 21 Uhr noch etwas zu trinken.

Beim Trinken kommen mit den empfohlenen drei Litern am Tag für unseren Körper ganz schöne Mengen zusammen. Wasser, mineralstoffarmes Quellwasser, Tee, Kräutertee, etwas frisch gepresster Obstsaft (davon etwa so viel, wie Sie ansonsten als Obst essen würden) sind am besten geeignet. Früchtetee oder fermentierten Tee sollten Sie aber besser meiden.

Bei der Ermittlung der Trinkmenge werden Suppen nicht miteinbezogen. Ihnen kommt eine ganz andere Aufgabe zu: Sie sollten ein gesundes Nahrungsmittel sein. Besonders Suppen bieten Ihnen unzählige Möglichkeiten, um Ihren Speiseplan abwechslungsreich zu gestalten und zu bereichern, sei es als kleine Zwischenmahlzeit, als Eröffnung eines mehrgängigen Menüs oder aber als deftiger Eintopf, der auch eine vollständige Mahlzeit ersetzen kann.

Basische Ernährung ist abwechslungsreich und ausgewogen

Der größte Anteil an Basen, die wir mit unserer täglichen Nahrung zu uns nehmen, kann und sollte durch eine gezielte Ernährungsweise erfolgen. Doch wie wollen wir das erreichen? Genau diese Frage war für mich der Anreiz dafür, die in diesem Buch zusammengetragenen Rezepte und Tipps niederzuschreiben. **Alle meine Rezepte sind, was die Menge der Zutaten betrifft, auf zwei Personen ausgelegt.** Und zu den meisten der verarbeiteten Zutaten finden Sie unter „Basen und Säure bildende Lebensmittel im Überblick" (siehe Seite 112 f.) Angaben über deren Basen oder Säure bildende Wirkung.

Mit der berühmten Frage: „Was kochen wir denn heute?", stehen wir nicht nur vor der Aufgabe, aus dem täglichen Marktangebot etwas Schmackhaftes zu zaubern, sondern mit einer basenstarken Ernährung wieder zu gesunden Essgewohnheiten und einer ebenso gesunden Lebensweise zurückzufinden. Es ist jeden Tag ein Erlebnis, zu sehen, welche Köstlichkeiten wir auf den Tisch bringen können und vor allen Dingen, wie abwechslungsreich unser Speiseplan mit basischer Ernährung sein kann und tatsächlich auch ist.

Es ist außerdem vorteilhaft, eine Ernährungsumstellung eigenständig oder unter Anleitung mit einer „basenstarken Woche" zu beginnen. So wird der Stoffwechsel entlastet und der Körper ist auf eine Ernährung nach der GAT Ganzheitlichen Arthrose-Therapie® besser vorbereitet.

Auf Ihrem Speiseplan sollten hauptsächlich frische, reife Gemüse- und Obstsorten stehen: Sie werden von unserem Körper basisch verstoffwechselt.

Frühstück

Mit einem Obstteller starten Sie gesund in den Tag. Stellen Sie ihn je nach Jahreszeit am besten aus 2 bis 3 Obstsorten zusammen. Ein Apfel sollte dabei aber immer an erster Stelle stehen. Wenn Sie aus verschiedenen Gründen morgens keine Früchte vertragen, können Sie auch eine leckere rohköstliche Gemüseplatte genießen. Frisch gepresste Gemüse- oder Obstsäfte sind eine weitere Alternative. Dabei sollten Sie jedoch auf die Menge achten, da diese Säfte Inhaltsstoffe in konzentrierter Form enthalten.

Obstteller

1 bis 2 Äpfel
200 bis 300 Gramm Melone (oder andere saisonale Früchte)

Die Äpfel gut waschen, vierteln, das Kerngehäuse entfernen und die Äpfel anschließend mit Schale in Schnitze schneiden. Das Melonenfleisch in mundgerechte Stücke schneiden und beide Obstsorten hübsch auf einem Teller anrichten. Diesen Obstteller können Sie über den Vormittag verteilt genießen.

Müsli

Kann nachmittags oder auch abends gegessen werden, je nachdem wie Sie es am besten vertragen und wann Ihnen der Sinn danach steht.

Müsli-Grundrezept I

2 Teelöffel Erdmandelflocken
6 Teelöffel CereGran®
6 Teelöffel Braunhirse
1 Tasse Quellwasser oder kalter Basentee

Erdmandelflocken, CereGran® und Braunhirse mit Quellwasser oder kaltem Basentee mischen.

> *Wissenswertes:*
> *Erdmandeln sind besonders in Nordspanien weit verbreitet und als* Chufas *bekannt. Die angenehm süßlich schmeckenden Wurzelknollen des Erdmandel- oder Tigernussgrases sind ballaststoffreich und enthalten viel Vitamin C und E sowie reichlich Kalium, Phosphor und Magnesium.*
> *Erdmandelflocken sind sehr sättigend und zudem glutenfrei. Ihr mandelähnlicher Geschmack macht sie besonders für Nussallergiker zu einer gesunden Alternative.*
> *CereGran® ist ein Vollkornmüsli aus gekeimtem Dinkel und gekeimter Gerste ohne Zuckerzusatz. Ganz nach Geschmack können Sie dieses vollwertige, leicht verdauliche und anhaltend sättigende Müsli mit anderen gesunden Zutaten vermischen. CereGran® ist erhältlich in Reformhäusern oder über Online-Shops.*

Müsli-Grundrezept II

1 Banane

*3 Teelöffel Braunhirse, gemahlene Kokosnuss, gemahlene Kürbis-
kerne, gemahlene Mandeln (oder rohes Mandelmus) oder gemahlene Sonnenblumenkerne*

Die reife Banane schälen und mit der Gabel zerdrücken. Braunhirse oder
die gemahlenen basischen Nüsse oder Kerne dazugeben und das Ganze
gut vermengen.

> **Wissenswertes:**
>
> *Braunhirse ist die Wildform der Hirse, die eine der ältesten Kultur-
> pflanzen und die mineralstoffreichste Getreideart ist. Ungeschälte
> Braunhirse hat einen kräftig herben Geschmack und wird als fein ge-
> mahlenes Mehl oder als Flocken angeboten. Neben ihrem hohen
> Vitalstoffgehalt und sekundären Pflanzenstoffen liefert Ihnen die
> Braunhirse auch wertvolle Ballaststoffe. In das Müsli oder den Frisch-
> kornbrei gestreut, ist Braunhirse ein vollwertiges Lebensmittel.*

Salatdressing

Ein gesundes Salatdressing sollte immer basisch sein. Verzichten Sie bei Ihrem Dressing also möglichst auf Essig, der sauer verstoffwechselt wird. Stattdessen können Sie den Saft von 1 ausgepressten Zitrone, Orangensaft, Grapefruitsaft oder wie in meinen Dressing-Rezepten Kanne Brottrunk® als Grundlage verwenden. Alle diese Zutaten sind basisch.

Salatdressing I

1 Esslöffel Grapefruitsaft
1 Esslöffel Kanne Brottrunk®
Ingwerpulver zum Abschmecken
gemahlener Pfeffer zum Abschmecken
Salz zum Abschmecken
2 Esslöffel kalt gepresstes Olivenöl
Kräuter der Wahl (Menge je nach Bedarf)

Den Grapefruitsaft und den Brottrunk in eine Schüssel geben, mit Ingwerpulver, frisch gemahlenem Pfeffer und Salz abschmecken und verrühren. Anschließend das Olivenöl dazugeben und gut vermischen. Kräuter Ihrer Wahl klein schneiden und untermischen.

>  **Tipp:**
> Werfen Sie die Stiele von glatter und krauser Petersilie nicht
> weg. Wie Schnittlauch in feine Röllchen geschnitten
> verleihen die knackigen Stückchen Ihrem Salatdressing eine
> würzige Note.

Wissenswertes:

Kanne Brottrunk ® ist ein milchsauer vergorenes Getränk, das durch einen 6 Monate dauernden nicht alkoholischen Gärprozess aus biologischem Natursauerteig gewonnen wird. Dieser Brottrunk enthält zahlreiche Vitamine, Mineralstoffe, Spurenelemente und Enzyme sowie reichlich lebende Milchsäurebakterien. Vom Körper wird das säuerlich schmeckende Getränk basisch verstoffwechselt.

✦ ✦

Salatdressing II

Saft von ½ Zitrone oder ½ Orange oder 1 Mandarine
1 Teelöffel Salz (wenn gewünscht auch etwas mehr)
2 Esslöffel kalt gepresstes Olivenöl
gemahlener schwarzer Pfeffer zum Abschmecken
Schnittlauch (Menge je nach Bedarf)
frische Kräuter nach Wahl (Menge je nach Bedarf)

Den Zitronensaft oder je nach Geschmack die angegebene Menge Orangen- oder Mandarinensaft mit dem Salz verquirlen, Olivenöl dazugeben und gut mit dem Saft vermischen. Zum Abschluss mit frisch gemahlenem schwarzem Pfeffer abschmecken und frisch geschnittenen Schnittlauch sowie andere ebenso frisch geschnittene Kräuter darunter mischen.

Variationen:

Statt mit Olivenöl können Sie dieses basische Salatdressing auch mit Walnuss- oder Kürbiskernöl zubereiten. Der Zitronensaft lässt sich hervorragend durch Kanne Brottrunk® ersetzen.

Wenn Sie Ihr Dressing etwas süßer mögen, können Sie das Ganze noch mit 1 Teelöffel rohem Apfeldicksaft oder Agavendicksaft abschmecken.

Saucen

Saucen verwende ich nicht nur als Beilage, sondern auch zum Verfeinern oder Variieren von Gemüsegerichten. Wenn Sie einem Gericht eine würzige Note geben oder es mit mehr oder bestimmten Kräutern zubereiten wollen, sind Saucen einfach ideal.

Apfel-Zwiebel-Sauce

1 Apfel
1 große Zwiebel
1 Esslöffel Butterschmalz
¼ Liter Gemüsebrühe (wenn gewünscht auch mehr) oder
*   1 Tasse frisch gepresster Orangensaft*
Salz zum Abschmecken
gemahlener Pfeffer zum Abschmecken
Ingwerpulver zum Abschmecken
geriebene Muskatnuss zum Abschmecken

Den Apfel gut waschen, vierteln, das Kerngehäuse entfernen, dann den Apfel schälen und in dünne Scheiben schneiden. Dann die Zwiebel schälen und in kleine Würfel schneiden. Das Butterschmalz leicht erhitzen und darin die Apfelscheiben und die Zwiebelstücke hell anschwitzen. Das Ganze mit Gemüsebrühe ablöschen, 20 Minuten dünsten und je nach gewünschter Konsistenz mit etwas mehr Gemüsebrühe oder dem frisch gepressten Orangensaft auffüllen. Die Sauce mit Salz, frisch gemahlenem Pfeffer, Ingwerpulver und etwas geriebener Muskatnuss abschmecken.

Tipp:
Diese frische und fruchtige Apfel-Zwiebel-Sauce passt vorzüglich zu Gemüsegerichten mit Blumenkohl, Brokkoli oder grünem Spargel.

★ ★

Rucolasauce

1 kleine Handvoll Rucola
1 bis 2 Esslöffel kalt gepresstes Olivenöl
1 kleine Zwiebel
1 Esslöffel Butter
60 bis 70 Milliliter Gemüsebrühe
60 bis 70 Milliliter süße Sahne
Salz zum Abschmecken
gemahlener Pfeffer zum Abschmecken

Rucola kurz in kochendem Salzwasser blanchieren, in einem Sieb abtropfen lassen und in Eiswasser abschrecken. So bleiben die Rucolablätter schön grün. Dann Olivenöl zu den Blättern geben, das Öl gut mit den Blättern vermengen und den Rucola im Mixer pürieren. Die Zwiebel schälen, in kleine Würfel schneiden, in Butter hell anschwitzen und mit der Gemüsebrühe ablöschen. Die süße Sahne dazugeben,

3 Minuten köcheln lassen und anschließend die Rucolamasse unter-mischen. Den Topf vom Herd nehmen und die Masse noch einmal durchpürieren. Die fertige Rucolasauce mit Salz und frisch gemahle-nem Pfeffer abschmecken.

Wissenswertes:

Rucola *hat einen hohen Gehalt an natürlichen Senfölen, die ihm sei-nen scharfen, würzigen und leicht bitteren Geschmack verleihen. Mit stark Basen bildenden Gemüsesorten wie Spinat und Grünkohl kann Rucola durchaus mithalten. Für eine basische Ernährung ist Rucola also bestens geeignet. Beim Kauf von Rucola sollten Sie jedoch un-bedingt auf Bio-Qualität achten.*

Tomatenschaumsauce

3 Tomaten
¼ Liter Gemüsebrühe
1 Teelöffel Pfeilwurzelmehl
Salz zum Abschmecken
gemahlener Pfeffer (oder je nach Geschmack andere Gewürze) zum
*   Abschmecken*

Die Tomaten waschen, die harten Teile entfernen und im Mixer pürieren. Die Tomatenmasse durch ein Sieb passieren und mit der Gemüsebrühe auffüllen. Das Pfeilwurzelmehl in etwas kaltem Wasser anrühren und unter die Masse geben. Die Tomatensauce kurz aufkochen lassen, mit Salz, frisch gemahlenem Pfeffer und Gewürzen Ihrer Wahl verfeinern und mit einem Pürierstab leicht aufschäumen.

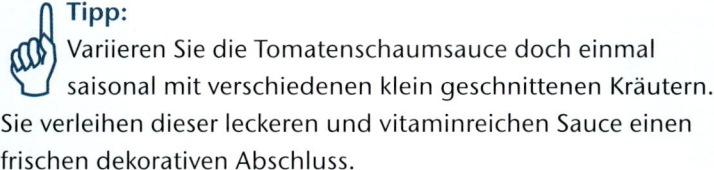

Tipp:
Variieren Sie die Tomatenschaumsauce doch einmal saisonal mit verschiedenen klein geschnittenen Kräutern. Sie verleihen dieser leckeren und vitaminreichen Sauce einen frischen dekorativen Abschluss.

Wissenswertes:

Pfeilwurzelmehl ist ein leicht verdauliches Stärkemehl, das zum Andicken von Saucen, Säften (z. B. für die Herstellung von Gelee), Puddings, Cremes und Glasuren eingesetzt wird. Sie erhalten es im Handel auch unter dem Namen Arrow Root. Dieses Stärkemehl hat den Vorteil, dass die mit ihm angedickten Flüssigkeiten ihre klare Konsistenz behalten und weder ihren Geruch noch ihren Geschmack

verändern. Pfeilwurzelmehl sollten Sie stets in einer kalten Flüssig-
keit anrühren, bevor sie es in heiße Speisen einrühren. Und Sie sollten es sparsam einsetzen, da seine eindickende Wirkung etwa
doppelt so stark wie die von Weizenmehl ist.

✱✱✱✱✱✱✱✱✱✱✱✱✱✱✱✱✱✱✱✱✱✱✱✱✱✱✱✱✱✱✱✱

Tomatensauce

2 Esslöffel ungeschwefeltes Tomatenmark in Bio-Qualität
1 Zwiebel
1 Esslöffel kalt gepresstes Olivenöl
100 Milliliter Tomatensaft
Salz zum Abschmecken
gemahlener Pfeffer zum Abschmecken
Paprikapulver zum Abschmecken
Ingwerpulver zum Abschmecken
süße Sahne zum Verfeinern

Das Tomatenmark in einem nicht zu heißen Topf anschwitzen. Dann die Zwiebel schälen, in kleine Würfel schneiden und in dem Olivenöl hell anschwitzen. Das Tomatenmark dazugeben, mit Tomatensaft auffüllen und die Sauce etwas einkochen lassen. Mit Salz, frisch gemahlenem Pfeffer, Paprika- und Ingwerpulver abschmecken und mit etwas süßer Sahne nach Belieben verfeinern.

> **Tipps:**
> Wenn Sie Ihre Tomatensauce sämiger mögen, können Sie sie mit etwas Pfeilwurzelmehl andicken (siehe dazu auch unter „Wissenswertes" bei „Tomatenschaumsauce" Seite 25 f.). Anstelle von süßer Sahne können Sie auch Kokosmilch oder Kokossahne verwenden.

Gemüsebrühe

Die beste Grundlage jeder Suppe ist eine schmackhafte und gesunde Gemüsebrühe. Davon sollten Sie stets einen Vorrat griffbereit zur Hand haben. Wenn Ihre Gemüsebrühe zudem noch basisch ist, wird man es Ihren Suppen anmerken.

Gemüsebrühe I

1 mittelgroße Petersilienwurzel
1 mittelgroße Pastinake
1 mittelgroße Karotte
1 Stück Sellerie
1 mittelgroße Stange Lauch
2 Scheiben frischer Ingwer
1 mittelgroße Zwiebel
2 Liter Wasser
Kräuter nach Wahl (z. B. Liebstöckel oder 1 Lorbeerblatt)

Alle Gemüsezutaten und den frischen Ingwer waschen, schälen und in kleine Stücke schneiden. Den Lauch dann zunächst längs halbieren, auffächern und unter fließendem kaltem Wasser gut waschen. Anschließend ebenso in klein schneiden. Die Zwiebel ohne Fett andünsten, das Gemüse dazugeben und mit Wasser auffüllen. Das Suppengemüse eine knappe Stunde köcheln lassen. Die Kräuter waschen und ebenso klein schneiden, in ein Baumwollsäckchen füllen, etwa ½ Stunde mitköcheln lassen und wieder herausnehmen. Anschließend die Gemüsebrühe durch ein Baumwolltuch gießen, in fest verschließbare Gläser füllen. Die basische Gemüsebrühe ist im Kühlschrank 2 bis 3 Tage haltbar.

Tipp:
Wenn Sie das Baumwollsäckchen mit den Kräutern heraus-
nehmen und das Suppengemüse pürieren, haben Sie aus
Ihrer Gemüsebrühe in Handumdrehen eine vitaminreiche
Gemüsesuppe gemacht.

★ ★

Gemüsebrühe II

1 Zwiebel
1 Petersilienwurzel
1 Stück Sellerie
1 große Karotte
1 Stange Lauch
1 bis 2 Liter Wasser
Salz zum Abschmecken

Die Zwiebel schälen, in kleine Würfel schneiden und ohne Fett andünsten. Dann die Petersilienwurzel, den Sellerie und die Karotte waschen,
schälen und ebenso in Stücke schneiden. Den Lauch putzen, längs halbieren, auffächern, unter fließendem kaltem Wasser gut waschen und
klein schneiden. Das Suppengemüse mit Wasser auffüllen, 1 knappe

Stunde köcheln lassen und mit etwas Salz abschmecken. Die Gemüsebrühe durch ein feines Baumwolltuch gießen, in fest verschließbare Gläser füllen und im Kühlschrank aufbewahren. Auch diese Gemüsebrühe sollten Sie in 2 bis 3 Tagen verbrauchen.

Variationen:

Binden Sie 1 Zweig Liebstöckel mit 1 Stängel Petersilie und 1 bis 2 Stängeln Sellerieblätter oder verschiedenen anderen Kräutern mit einem Baumwollfaden zusammen und lassen Sie das Kräuterbund mit 1 bis 2 Ingwerscheiben mitköcheln. Wenn das Suppengemüse weich ist, die Kräuter und den Ingwer herausnehmen und das Suppengemüse durch ein feines Baumwolltuch gießen.

Oder versuchen Sie es einmal damit: 1 Lorbeerblatt, 5 Pimentkörner, 3 Wacholderbeeren und 1 Teelöffel schwarze Pfefferkörner in ein Baumwollsäckchen füllen, mit gar ziehen lassen und herausnehmen, wenn das Suppengemüse weich ist.

Tipp:
Sie können Ihre Gemüsebrühe auch mit anderen saisonalen Gemüsesorten herstellen, z. B. mit Kohlrabi, Fenchel oder Blumenkohl. Die Gemüsereste sollten Sie natürlich nicht wegwerfen, sondern pürieren und zum Ergänzen von Gerichten verwenden, die aufgefüllt werden müssen. Ihr Eigengeschmack wird sich mit dieser Gemüseeinlage viel intensiver entwickeln.

Suppen

Blumenkohlsuppe

1 kleiner Blumenkohl
1 Esslöffel Butter oder Butterschmalz
1 Scheibe frischer Ingwer
300 Milliliter Gemüsebrühe
1 Esslöffel Zitronensaft
Salz zum Abschmecken
gemahlener Pfeffer zum Abschmecken
75 Milliliter süße Sahne
1 bis 2 Zweige Dill

Den Blumenkohl putzen, gut waschen und die Röschen vom Strunk ab-trennen. Butter oder Butterschmalz in einem Topf leicht erhitzen. Den frischen Ingwer schälen und klein schneiden. Dann Blumenkohl und Ingwer zu der zerlassenen Butter geben, mit der Gemüsebrühe und dem Zitronensaft auffüllen und 20 Minuten köcheln lassen. Das Ganze pürieren und mit Salz und Pfeffer abschmecken. Die süße Sahne dazugeben, unterrühren und die Suppe mit klein geschnittenem Dill dekorieren.

> **Tipp:**
> Frischer Blumenkohl ist dicht und fühlt sich schwer an. Seine Röschen sind weiß und fest geschlossen. Er hat knackig-grüne Blätter, einen saftigen Strunk und keine Druckstellen.

Brokkolisuppe

1 kleiner Brokkoli

1 bis 2 Scheiben frischer Ingwer

2 bis 3 Knoblauchzehen

1 Esslöffel Butter

200 Milliliter Gemüsebrühe

100 Milliliter süße Sahne

Salz zum Abschmecken

gemahlener Pfeffer zum Abschmecken

geriebene Muskatnuss zum Abschmecken

Den Brokkoli putzen, gut waschen und die Röschen vom Strunk ab-
trennen. Den frischen Ingwer und die Knoblauchzehen schälen, mit
einem Wiegemesser klein schneiden, in Butter andünsten und mit der
Gemüsebrühe auffüllen. Anschließend den Brokkoli dazugeben und
alle Zutaten 10 Minuten köcheln lassen. Die Brokkolisuppe mit einem
Pürierstab pürieren. Die Sahne dazugeben und die Suppe mit Salz,
frisch gemahlenem Pfeffer und etwas geriebener Muskatnuss abschmecken.

> **Tipp:**
> Auch bei Brokkoli sollten Sie unbedingt auf Frische achten.
> Frischer Brokkoli hat eine kräftige grüne Farbe. Sieht er
> hingegen eher gelb aus, so deutet das auf eine zu späte Ernte
> oder eine zu lange Lagerung hin.

Fenchel-Kartoffel-Suppe

1 Fenchelknolle mit Grün

2 Kartoffeln

1 Scheibe frischer Ingwer

1 Knoblauchzehe

2 Esslöffel kalt gepresstes Olivenöl

300 Milliliter Gemüsebrühe

25 Milliliter süße Sahne

Salz zum Abschmecken

Currypulver zum Abschmecken (wenn gewünscht)

Die Fenchelknolle putzen, waschen, halbieren und den Strunk entfernen. Dann die Knolle in dünne Scheiben schneiden. Ebenso die Kartoffeln waschen, schälen und in dünne Scheiben schneiden. Den frischen Ingwer und die Knoblauchzehe schälen und mit einem Wiegemesser klein schneiden. Die Fenchel- und Kartoffelscheiben mit den Knoblauch- und Ingwerstückchen in Olivenöl andünsten. Das Ganze mit Gemüsebrühe auffüllen und etwa 25 Minuten köcheln lassen. Die süße Sahne dazugeben und die Fenchel-Kartoffel-Suppe mit einem Pürierstab pürieren. Mit Salz und je nach Geschmack etwas Currypulver abschmecken.

 Tipp:
Sollte die Suppe zu sämig werden, können Sie sie mit etwas mehr Gemüsebrühe oder süßer Sahne flüssiger machen. Anschließend sollten Sie die Fenchel-Kartoffel-Suppe aber noch einmal abschmecken. Mit einem geschälten und klein geschnittenen Apfel können Sie der Suppe eine besondere Note verleihen. Kochen Sie den Apfel einfach mit. Werfen Sie das Fenchelgrün nicht weg: Es eignet sich hervorragend zum Garnieren!

Einfache Gemüsesuppe

¼ Liter Gemüsebrühe
1 Tasse Gemüsestücke
Kräuter der Wahl

Das klein geschnittene Gemüse ½ Stunde vorkochen und anschließend mit der Gemüsebrühe auffüllen. Dann die Gemüsesuppe leicht erwärmen und mit Kräutern Ihrer Wahl bestreuen.

Tipps:
Diese einfache Gemüsesuppe ist schnell zubereitet, wenn Sie stets einen Vorrat an Gemüsebrühe und zur Hand haben. Nehmen Sie etwas weniger Gemüsebrühe, wenn Sie eine sämigere Suppe zubereiten wollen. Ich empfehle Ihnen generell, zu Anfang etwas weniger Gemüsebrühe zu nehmen; mehr davon auffüllen können Sie immer noch.

Wenn Sie eine beliebige Suppe herzhafter zubereiten wollen, empfehle ich Ihnen Folgendes: Geben Sie 1 kleines Lorbeerblatt, 3 Pimentkörner, 2 Wacholderbeeren und ½ Teelöffel schwarze Pfefferkörner in ein Baumwollsäckchen. Lassen Sie die Kräuter und Gewürze etwa ½ Stunde mitköcheln und nehmen Sie das Säckchen anschließend wieder heraus.

Gurken-Kartoffel-Suppe

1 Esslöffel Butter oder Butterschmalz
1 Zwiebel
400 Gramm Schmorgurken
150 Gramm Kartoffeln
200 Milliliter Gemüsebrühe
125 Milliliter süße Sahne
Salz zum Abschmecken
gemahlener Pfeffer zum Abschmecken
½ Bund Dill (wenn gewünscht)

Butter oder Butterschmalz in einem Topf leicht erhitzen. Zwiebel schälen, in kleine Würfel schneiden und hell anschwitzen. Dann die Schmorgurken waschen, schälen, längs halbieren, mit einem Esslöffel die Kerne herausschaben und die Gurken in grobe Stücke schneiden. Die Kartoffeln waschen, schälen und ebenso in grobe Stücke schneiden, zusammen mit den Gurkenstücken bei kleiner Hitze andünsten, mit Gemüsebrühe auffüllen und 15 Minuten weitergaren. Die süße Sahne dazugeben und das Ganze mit einem Pürierstab kurz durchpürieren. Die Gurken-Kartoffel-Suppe mit Salz und frisch gemahlenem Pfeffer abschmecken und je nach Geschmack mit klein geschnittenem Dill garnieren.

 Tipp:
Achten Sie beim Einkauf darauf, dass die Schmorgurken fest sind und keine Druckstellen haben. Diese Freilandgurken können besonders im Stielansatz Bitterstoffe enthalten. Probieren Sie am besten die Enden, bevor Sie sie zubereiten.

> *Wissenswertes:*
> *Schmorgurken* sind knackig und frisch und bringen eine echte Ab-
> wechslung auf Ihren Tisch. Sie lassen sich auf ganz unterschiedliche
> Weise würzen, zum Beispiel mit Knoblauch und Ingwer, Basilikum,
> Estragon oder Dill, und auf vielfältige Weise zubereiten. Schmorgur-
> ken enthalten kaum Fett, dafür aber reichlich Vitamin B sowie wert-
> volle Mineralstoffe wie Kalium und Phosphor (siehe dazu auch unter
> „Wissenswertes" bei „Schmorgurken-Gemüse", Seite 93).

✦✦✦✦✦✦✦✦✦✦✦✦✦✦✦✦✦✦✦✦✦✦✦✦✦✦✦✦✦✦✦✦✦✦✦✦✦✦

Kartoffel-Ingwer-Suppe

500 Gramm mehligkochende Kartoffeln
2 bis 3 Scheiben frischer Ingwer
1 bis 2 Knoblauchzehen
1 bis 2 Esslöffel kalt gepresstes Olivenöl
¼ Liter Gemüsebrühe
Salz zum Abschmecken
geriebene Muskatnuss zum Abschmecken
Kräuter nach Wahl

Die Kartoffeln unter fließendem Wasser abbürsten, mit der Schale
garen und pellen. Den frischen Ingwer und den Knoblauch schälen,
mit einem Wiegemesser klein schneiden und in dem Olivenöl gelb andünsten. Die gepellten Kartoffeln in Stücke schneiden, zu dem Ingwer
und dem Knoblauch geben und kurz mitbraten. Anschließend mit der
Gemüsebrühe auffüllen, aufkochen lassen und die Kartoffel-Ingwer-

Suppe mit Salz und etwas geriebener Muskatnuss abschmecken. Die Suppe mit einem Pürierstab kurz durchpürieren und mit klein geschnittenen Kräutern Ihrer Wahl anrichten.

Tipp:
Diese würzige Suppe können Sie mit etwas süßer Sahne verfeinern.

Kartoffel-Sellerie-Suppe

400 Gramm mehligkochende Kartoffeln
200 Gramm Sellerie
1 Stange Lauch
1 bis 2 Scheiben frischer Ingwer
1 Esslöffel Butter oder Butterschmalz
½ Liter Gemüsebrühe
Salz zum Abschmecken
gemahlener Pfeffer zum Abschmecken
geriebene Muskatnuss zum Abschmecken
100 Milliliter süße Sahne

Die Kartoffeln unter fließendem Wasser abbürsten, schälen und in Stücke schneiden. Ebenso den Sellerie waschen, schälen und in Stücke schneiden. Den Lauch putzen, längs halbieren, auffächern und unter fließendem kaltem Wasser gut waschen. Butter oder Butterschmalz in einem Topf leicht erhitzen. Den frischen Ingwer schälen und klein schneiden. Anschließend das Gemüse und den Ingwer in der zerlassenen Butter andünsten, mit der Gemüsebrühe auffüllen und 25 Minuten bei mittlerer Hitze köcheln lassen. Die Kartoffel-Sellerie-Suppe mit Salz, frisch gemahlenem Pfeffer und etwas geriebener Muskatnuss abschmecken und mit süßer Sahne verfeinern.

Tipp:
Kartoffeln sollten Sie nicht zu lange mit dem Pürierstab oder im Mixer pürieren. Durch die hohe Drehzahl löst sich sehr viel Stärke, die Ihr Kartoffelgericht in eine klebrige Masse verwandeln kann. Zerkleinern Sie gekochte Kartoffeln daher am besten zunächst mit einem Passiergerät oder einem Kartoffelstampfer, bevor Sie sie kurz durchmixen.

Kartoffel-Tomaten-Apfel-Suppe

2 mittelgroße Kartoffeln

3 mittelgroße Tomaten

1 mittelgroßer Apfel

½ Zwiebel

Salz zum Abschmecken

gemahlener Pfeffer zum Abschmecken

süße Sahne (wenn gewünscht)

Die Kartoffeln unter fließendem Wasser abbürsten, schälen und vierteln. In etwas Salzwasser fast gar kochen. Die Tomaten waschen und die harten Teile entfernen, dann 5 Minuten in heißes Wasser legen und anschließend häuten. Den Apfel schälen, vierteln und das Kerngehäuse entfernen. Ebenso die Zwiebel schälen, zu den Kartoffeln geben und 5 Minuten im Kochwasser mitköcheln. Die Kartoffel-Tomaten-Apfel-Suppe mit Salz und frisch gemahlenem Pfeffer würzen und mit einem Pürierstab pürieren.

> **Tipp:**
> Die Konsistenz dieser geschmacklich raffinierten Suppe können Sie mit etwas süßer Sahne variieren.

Kürbis-Apfel-Suppe

300 Gramm Hokkaido-Kürbis
1 säuerlicher Apfel
1 walnussgroßes Stück frischer Ingwer
1 bis 2 Esslöffel kalt gepresstes Olivenöl
2 bis 3 Tassen Gemüsebrühe
Salz zum Abschmecken
gemahlener Pfeffer zum Abschmecken
Mandelblättchen (wenn gewünscht)
frische Pfefferminzblätter (wenn gewünscht)

Den Kürbis gründlich abbürsten, mit einem Esslöffel die Kerne entfernen und das Fruchtfleisch in kleine Würfel schneiden. Den Apfel waschen, vierteln und das Kerngehäuse entfernen. Ebenso den frischen Ingwer schälen und klein schneiden. Dann alle Zutaten in Olivenöl andünsten und mit Gemüsebrühe auffüllen. Die Kürbis-Apfel-Suppe etwa 20 Minuten köcheln lassen und mit einem Pürierstab pürieren. Mit Salz und frisch gemahlenem Pfeffer abschmecken.

> **Tipp:**
> Mit Mandelblättchen und frischen Pfefferminzblättern garniert, erhält diese Suppe eine außergewöhnliche Note.

Kürbis-Ingwer-Suppe

300 Gramm Muskatkürbis

400 Milliliter Gemüsebrühe

1 walnussgroßes Stück frischer Ingwer

1 Knoblauchzehe

1 Esslöffel Butterschmalz

Salz zum Abschmecken

Currypulver zum Abschmecken

1 Esslöffel Butter

50 Milliliter süße Sahne

Den Kürbis schälen, mit einem Esslöffel die Kerne entfernen und das Fruchtfleisch in kleine Würfel schneiden. Anschließend den Kürbis in die Gemüsebrühe geben und etwa 20 Minuten bei kleiner Hitze weich garen. Den frischen Ingwer und den Knoblauch schälen, klein schneiden und in Butterschmalz hell anschwitzen. Ingwer und Knoblauch ebenso zu der Brühe geben. Dann die Kürbis-Ingwer-Suppe mit einem Pürierstab pürieren und mit Salz und Currypulver abschmecken. Vor dem Servieren die kalte Butter in die Sahne geben, mit einem Stabmixer aufschäumen und vorsichtig auf der Suppe verteilen.

 Tipp:
Wenn Sie die Kürbis-Ingwer-Suppe etwas sämiger zubereiten wollen, können Sie eine gekochte Kartoffel dazugeben und kurz mitpürieren.

Mango-Kürbis-Suppe

300 Gramm Hokkaido-Kürbis
30 Gramm Butterschmalz
1 walnussgroßes Stück frischer Ingwer
1 Knoblauchzehe
500 Milliliter Gemüsebrühe
½ rote Chilischote
½ reife Mango
Kokosmilch zum Abschmecken
Salz zum Abschmecken
geriebene Muskatnuss zum Abschmecken

Den Kürbis gründlich abbürsten, mit einem Esslöffel die Kerne entfernen und das Fruchtfleisch in kleine Würfel schneiden. Von der roten Chilischote den Strunk und die Kerne entfernen (*Vorsicht,* die Finger dabei nicht in die Augen bringen!) und die Schote mit einem Wiegemesser fein schneiden. Den Knoblauch und den frischen Ingwer schälen, klein schneiden, in Butterschmalz hell anschwitzen und mit Gemüsebrühe auffüllen. Anschließend den Kürbis und die Chilischote dazugeben und 15 Minuten aufkochen lassen. Dann die Mango schälen und das Fruchtfleisch vom Kern lösen. Die Hälfte des Fruchtfleischs zu der Suppe geben. Die Mango-Kürbis-Suppe mit einem Pürierstab pürieren und mit Kokosmilch, Salz und etwas geriebener Muskatnuss abschmecken.

 Tipp:
Wenn die Suppe zu flüssig geworden ist, können Sie sie mit einer klein geriebenen gekochten Kartoffel sämiger machen.

> ### Wissenswertes:
>
> *Die tropische Mangofrucht schmeckt exotisch frisch und bringt unseren Stoffwechsel auf Trab. Sie versorgt uns reichlich mit den Vitaminen A, C, E und B6, enthält besonders viel Kalium und wirkt Basen bildend. Es empfiehlt sich jedoch, nur reife, d. h. weiche Früchte zu verzehren. Schneiden Sie die Mango entlang des Kerns an beiden Seiten auf. Das Fruchtfleisch lässt sich dann gut mit einem Löffel herausheben.*

★ ★

Mangoldsuppe mit Kokosflocken

200 bis 300 Gramm Mangold
350 Milliliter Gemüsebrühe
1 Knoblauchzehe
1 walnussgroßes Stück frischer Ingwer
1 Esslöffel Butter
2 gehäufte Esslöffel Kokosflocken
100 Milliliter süße Sahne
Salz zum Abschmecken
gemahlener Pfeffer zum Abschmecken

Den Mangold gründlich waschen, die Blätter von den Stielen abschneiden und die Stiele in feine Streifen schneiden. Blätter und Stiele in einer ½ Tasse Gemüsebrühe etwa 3 bis 5 Minuten dämpfen und dann mit der restlichen Brühe auffüllen. Knoblauch und Ingwer schälen, mit einem Wiegemesser klein schneiden, in der Butter andünsten und mit dem Mangoldgemüse vermischen. Dann die Kokosflocken dazugeben und die Suppe 20 bis 30 Minuten köcheln lassen, mit süßer Sahne verfeinern und mit Salz und frisch gemahlenem Pfeffer abschmecken.

> **Tipp:**
> Die Kokosflocken geben der Mangoldsuppe eine ausgefallene Geschmacksnote. Vor dem Servieren aufgeschäumt, schmeckt diese Suppe noch leckerer.

Maronensuppe

1 Teelöffel Puderzucker

400 Milliliter Gemüsebrühe

200 Gramm vakuumverpackte Maronen

100 Milliliter süße Sahne

Ingwerpulver zum Abschmecken

Salz zum Abschmecken

Den Puderzucker in einen Topf sieben und bei mittlerer Hitze langsam karamellisieren. Gemüsebrühe dazugeben und darin die Maronen aufkochen lassen. Sahne, Ingwerpulver und Salz dazugeben, das Ganze mit einem Stabmixer pürieren. Mit Ingwerpulver und Salz abschmecken.

Tipps:

Diese Suppe ist sättigend und hat einen sehr interessanten Geschmack. Servieren Sie sie doch einmal, wenn Sie etwas ganz Besonderes auf den Tisch bringen wollen.

Die Maronensuppe können Sie zudem verfeinern, indem Sie 40 Gramm Champignons klein schneiden, in 1 Teelöffel Butter leicht anbraten und auf der angerichteten Maronensuppe verteilen.

Wissenswertes:

Maronen sind die Früchte der Edel- oder Esskastanie. Die dunkelbraunen, glänzenden Nüsse haben einen hohen Stärke- und Zuckergehalt und enthalten zudem viel Kalium sowie Vitamin B_2 und B_3. Ein weiterer Pluspunkt dieser wohlschmeckenden Nussfrüchte ist ihre starke Basen bildende Wirkung. Frische Maronen müssen geschält, d. h. kreuzweise eingeritzt werden und können anschließend gekocht, gebacken oder in der Pfanne geröstet werden.

Möhrencremesuppe

1 Zwiebel
1 Esslöffel Butter
200 Gramm Möhren
1 säuerlicher Apfel
¼ Liter Gemüsebrühe
Salz zum Abschmecken
Pfeffer zum Abschmecken
geschlagene süße Sahne zum Garnieren
Kresse (wenn gewünscht)

Die Zwiebel schälen, mit einem Wiegemesser klein schneiden und in der Butter hell anschwitzen. Dann die Möhren putzen, schälen und klein schneiden. Ebenso den Apfel schälen, das Kerngehäuse entfernen und den Apfel in Stücke schneiden. Möhren- und Apfelstücke zu der Zwiebel geben und alle Zutaten mit Gemüsebrühe auffüllen und 10 Minuten köcheln lassen. Die Möhrencremesuppe pürieren, mit Salz und frisch gemahlenem Pfeffer abschmecken und einem Klecks geschlagener Sahne servieren. Die Suppe nach Belieben mit etwas Kresse verzieren.

 Tipp:
Dass Möhren das unser Immunsystem und unsere Sehkraft stärkende Provitamin A enthalten, ist seit Langem bekannt. Neu aber ist die Erkenntnis, dass das ebenfalls in Möhren reichlich enthaltene Selen wichtig für die Regulation unserer Herz- und Kreislauffunktion ist und eine Stress reduzierende Wirkung hat.

Pastinaken-Eintopf (Wurzeleintopf)

2 Karotten
1 Pastinake
1 Petersilienwurzel
1 Stange Lauch
1 Zwiebel
1 walnussgroßes Stück frischer Ingwer
2 Esslöffel kalt gepresstes Olivenöl
¾ Liter Gemüsebrühe
Salz zum Abschmecken
gemahlener Pfeffer zum Abschmecken

Karotten, Pastinake und Petersilienwurzel waschen, gründlich abbürsten und die Schale abschaben. Dann das Wurzelgemüse in kleine Würfel schneiden. Den Lauch putzen, längs halbieren, auffächern, unter fließendem kaltem Wasser waschen und in dünne Streifen schneiden. Ebenso die Zwiebel und den frischen Ingwer schälen und klein schneiden. Anschließend alle Zutaten in Olivenöl andünsten, mit der Gemüsebrühe auffüllen und etwa 20 Minuten köcheln lassen. Den Pastinaken-Eintopf mit Salz und frisch gemahlenem Pfeffer abschmecken.

Tipp:
Mit etwas weniger Gemüsebrühe wird aus dem Wurzeleintopf ein sehr schmackhaftes Gemüsegericht.

Pot-au-feu (Gemüseeintopf)

1 größere Zwiebel
3 Nelken
2 Lorbeerblätter
1 Knoblauchzehe
4 weiße Pfefferkörner
1½ Liter Wasser
1 Stange Lauch
150 Gramm Sellerie
3 Möhren
1 kleine Petersilienwurzel
200 Gramm Wirsing
2 Tomaten
Salz zum Abschmecken
gemahlener Pfeffer zum Abschmecken
gehackte Petersilie (Menge je nach Bedarf)

Die Zwiebel schälen und anschließend mit Nelken und Lorbeerblättern spicken. Die Knoblauchzehe waschen und in der Schale belassen. Die Pfefferkörner in dem Wasser ansetzen, langsam durchziehen lassen und abseihen. Lauch, Sellerie, Möhren, Petersilienwurzel und Wirsing putzen, waschen und klein schneiden. Dabei den Lauch längs halbieren, auffächern und unter fließendem kaltem Wasser waschen. Anschließend die Tomaten waschen, die harten Teile entfernen, die Tomaten in heißes Wasser geben und häuten. Dann alle Zutaten in das Wasser geben und 30 Minuten köcheln lassen. Die gespickte Zwiebel aus dem Topf nehmen. Den Gemüseeintopf mit Salz, frisch gemahlenem Pfeffer abschmecken und nach Belieben mit gehackter Petersilie garnieren.

> **Tipp:**
> Petersilie ist besonders in den Wintermonaten eine wertvolle Vitamin-C-Quelle und wirkt zudem stark Basen bildend. Nehmen Sie also ruhig etwas mehr von davon (siehe dazu auch das Kapitel „Kräuter, Gewürze und ihre Verwendung", Seite 105 ff.).

✴✴✴✴✴✴✴✴✴✴✴✴✴✴✴✴✴✴✴✴✴✴✴✴✴✴✴✴✴✴

Rote-Bete-Suppe

1 Esslöffel kalt gepresstes Olivenöl

1 Knoblauchzehe

2 Scheiben frischer Ingwer

2 abgekochte, geschälte Rote Bete

400 bis 500 Milliliter Gemüsebrühe

1 großer Apfel

2 Esslöffel Rotwein

Salz zum Abschmecken

Gewürze nach Wahl

klein gehackte Kräuter (Menge je nach Bedarf)

süße Sahne zum Garnieren

Das Olivenöl leicht erhitzen. Den Knoblauch schälen und in grobe Stücke schneiden. Den frischen Ingwer schälen, klein schneiden und mit dem Knoblauch in dem Olivenöl andünsten. Die Rote Bete in Stücke schneiden und dazugeben. Die Zutaten mit Gemüsebrühe auffüllen. Dann den Apfel waschen, schälen und das Kerngehäuse entfernen, den Apfel in kleine Stücke schneiden und zu der Gemüsebrühe geben. Die Rote-Bete-Suppe mit Rotwein, Salz und Gewürzen der Wahl abschmecken. Die Suppe vor dem Servieren mit klein gehackten Kräutern bestreuen und mit einem Klecks Sahne garnieren.

> **Tipps:**
> Wenn Sie beim Mischen von frischen Kräutern zur Hälfte Schnittlauch dazugeben, kann sich der Geschmack der anderen Kräuter am besten entfalten.
> Da Rotwein schwach Säure bildend ist, lassen Sie ihn besser weg, wenn Sie sich ausschließlich basisch ernähren wollen.

Wissenswertes:

Rote Bete ist nicht nur dank ihrer blutbildenden und entgiftenden Wirkung ein besonders gesunder Energie- und Kraftspender. Die Knollen regen die Leberfunktion an, helfen bei Infektionsanfälligkeit und Müdigkeit und können Folsäuremangel ausgleichen. Rote Bete enthält viele Mineralstoffe, Vitamin C, B-Vitamine, Provitamin A sowie Kalzium, Eisen, Eiweiß, Jod, Kalium, Magnesium, Natrium und Phosphor.

Sellerie-Apfel-Suppe

400 Gramm Sellerie
1 mittelgroßer Apfel
1 Esslöffel Butterschmalz
1 Scheibe frischer Ingwer
1 Knoblauchzehe
½ Liter Gemüsebrühe
Salz zum Abschmecken
geriebene Muskatnuss zum Abschmecken

Den Sellerie waschen, schälen und grob reiben. Dann den Apfel waschen, schälen, vierteln, das Kerngehäuse entfernen und den Apfel in kleine Würfel schneiden. Butterschmalz in einem Topf leicht erhitzen. Den frischen Ingwer und die Knoblauchzehe schälen und mit einem Wiegemesser klein schneiden. Ingwer, Knoblauch und Sellerie in dem Butterschmalz hell anschwitzen, mit Gemüsebrühe auffüllen und etwa 10 Minuten köcheln lassen. Anschließend die Apfelwürfel dazugeben, die Sellerie-Apfel-Suppe gar ziehen lassen und mit Salz und etwas geriebener Muskatnuss abschmecken. Die Suppe mit einem Pürierstab pürieren und servieren. Guten Appetit!

> **Tipp:**
> Sellerie ist ein beliebtes Suppengemüse. Die Knollen sollten Sie am besten im Ganzen kaufen, denn Schnittstellen führen zu Geschmacksverlust und die reichlich im Sellerie enthaltenen Vitamine gehen verloren. Frischer Sellerie ist fest, gibt auf Fingerdruck nicht nach und hat keine dunkelbraunen Stellen. Kaufen Sie keine Knolle, die sich weich anfühlt und beim „Klopfen" hohl klingt. Sellerieknolle ist ein Basen bildendes Lebensmittel.

Tomaten-Apfel-Suppe

4 mittelgroße Tomaten
1 mittelgroßer Apfel
1 walnussgroßes Stück frischer Ingwer
½ Zwiebel
½ Liter Gemüsebrühe
Salz zum Abschmecken
gemahlener Pfeffer zum Abschmecken

Die Tomaten waschen und die harten Teile entfernen. Dann die Tomaten 5 Minuten in heißes Wasser legen und abziehen. Den Apfel waschen, schälen, vierteln und das Kerngehäuse entfernen. Den frischen Ingwer und die Zwiebel schälen und klein schneiden. Alle Zutaten 5 Minuten in der Gemüsebrühe dünsten, anschließend mit einem Pürierstab pürieren und die Tomaten-Apfel-Suppe mit Salz und frisch gemahlenem Pfeffer abschmecken.

Tipp:
Die Konsistenz dieser ungewöhnlichen Suppe können Sie durch Zugeben von mehr oder weniger Gemüsebrühe flüssiger oder sämiger machen.

Würzige Zwiebelsuppe

2 Knoblauchzehen
2 Scheiben frischer Ingwer
1 Esslöffel kalt gepresstes Olivenöl
1 Teelöffel ungeschwefeltes Tomatenmark in Bio-Qualität
1 Zweig Thymian
2 mittelgroße Zwiebeln
½ Liter Gemüsebrühe
Salz zum Abschmecken
Pfeffer zum Abschmecken
½ Bund Schnittlauch

Den Knoblauch schälen und mit einem Wiegemesser klein schneiden. Ebenso den frischen Ingwer schälen, fein würfeln und beides in Olivenöl hell anschwitzen. Den Thymian abbrausen und die Blätter abzupfen. Die Zwiebeln schälen und in feine Ringe schneiden. Anschließend Tomatenmark, Thymianblättchen und Zwiebeln zu dem Olivenöl geben und das Ganze mit Gemüsebrühe auffüllen. Die würzige Zwiebelsuppe 8 bis 10 Minuten köcheln lassen und mit Salz und frisch gemahlenem Pfeffer abschmecken. Nach Belieben mit Schnittlauchröllchen garnieren und servieren. Lassen Sie sich diese herzhafte Suppe schmecken!

 Tipp:
Ihr Tomatenmark sollte keine weiteren Zusätze enthalten und ungeschwefelt sein. Achten Sie beim Kauf von Tomatenmark also am besten auf Bio-Qualität.

Zwiebelsuppe

2 kleine Zwiebeln
1 Knoblauchzehe
1 bis 2 Scheiben frischer Ingwer
1 Esslöffel kalt gepresstes Olivenöl
1 Teelöffel ungeschwefeltes Tomatenmark in Bio-Qualität
1 Zweig Thymian
½ Liter Gemüsebrühe
Salz zum Abschmecken
gemahlener Pfeffer zum Abschmecken
100 Milliliter süße Sahne
½ Bund Schnittlauch

Die Zwiebeln schälen und in dünne Ringe schneiden. Knoblauch und Ingwer schälen und mit einem Wiegemesser klein schneiden. Dann das Olivenöl in einen mittelgroßen Topf geben und alles darin hell anschwitzen. Den Thymian abbrausen und die Blätter abzupfen. Anschließend das Tomatenmark und die Thymianblättchen zu dem Olivenöl geben und kurz mitdünsten, mit Gemüsebrühe auffüllen und die Zwiebelsuppe etwa 8 Minuten bei kleiner Hitze köcheln lassen. Die Suppe mit Salz und frisch gemahlenem Pfeffer abschmecken und mit der süßen Sahne verfeinern. Mit Schnittlauchröllchen garnieren.

Tipp:
Thymian ist ein beliebtes mediterranes Gewürzkraut, von dem es sage und schreibe 214 unterschiedliche Arten gibt. Geben Sie Thymian am besten beim Dünsten dazu und garen die Blättchen mit. Ganze Zweige sollten Sie vor dem Servieren wieder entfernen.

Gemüsegerichte

In vielen Rezeptbüchern wird Gemüse bevorzugt in Salzwasser gegart. Das ist grundsätzlich möglich, dabei gießen Sie mit dem Gemüsewasser aber auch viele Vitamine und Mineralstoffe einfach weg. Diese und auch das Aroma gehen dem Gemüse dadurch verloren. Ich empfehle Ihnen, Gemüse nicht in Wasser, sondern im Dampf zu garen. Am besten geht das in einem sogenannten Gemüsedämpfer oder Dampfgarer.

Apfel-Kartoffel-Auflauf

200 Gramm mehlig kochende Kartoffeln
1 kleiner Apfel
1 große Zwiebel
1 große Stange Lauch
2 Esslöffel kalt gepresstes Olivenöl
¼ Liter Gemüsebrühe
1 Esslöffel Pfeilwurzelmehl
gemahlener Pfeffer zum Abschmecken

Die Kartoffeln unter fließendem Wasser abbürsten, mit der Schale garen, pellen und in Scheiben schneiden. Den Apfel gut waschen, vierteln, das Kerngehäuse entfernen und in Scheiben schneiden. Die Zwiebel schälen und in Ringe schneiden. Den Lauch putzen, längs halbieren, auffächern, unter fließendem kaltem Wasser waschen und in Ringe schneiden. Anschließend Zwiebel, Lauch und Apfel in Olivenöl anschwitzen, mit Gemüsebrühe auffüllen und 20 bis 30 Minuten garen. Das Ganze mit Pfeilwurzelmehl binden, mit etwas frisch gemahlenem Pfeffer abschmecken und in eine leicht geölte Auflaufform schichten: jeweils 1 Lage Kartoffelscheiben, 1 Lage der Apfel-Zwiebel-Lauch-Mischung und 1 Lage Kartoffelscheiben usw. Den Abschluss bildet eine Lage der Apfel-Zwiebel-Lauch-Mischung. Nun Lage für Lage mit frisch gemahlenem Pfeffer nach Belieben würzen. Den Apfel-Kartoffel-Auflauf im Backofen ca. 45 Minuten bei 150 °C überbacken und die Oberfläche evtl. mit Backpapier abdecken.

> **Tipps:**
> Dieses Rezept können Sie abwandeln und daraus eine Selle-
> rie-Apfel-Kartoffel-Suppe machen. Dafür nehmen Sie 2 Äpfel,
> 200 Gramm Sellerie und 200 Gramm Kartoffeln und bereiten diese
> Zutaten wie die Sellerie-Apfel-Suppe (siehe Seite 52) zu.
> Ich empfehle Ihnen Pfeilwurzelmehl zum Andicken von Speisen
> aller Art (siehe dazu auch unter „Wissenswertes" bei „Tomaten-
> schaumsauce", Seite 25 f.).

✶ ✶

Bohnen-Möhren-Gemüse

250 Gramm grüne Bohnen
300 Gramm Möhren
1 Zweig Bohnenkraut
1 kleine Zwiebel
2 Esslöffel kalt gepresstes Olivenöl
Salz zum Abschmecken
gemahlener Pfeffer zum Abschmecken

Die grünen Bohnen putzen, beide Enden abschneiden und die Bohnen
halbieren. Dann die Möhren putzen, schälen und in Stifte schneiden.
Beide Zutaten mit dem Bohnenkrautzweig etwa 20 Minuten garen.
Dann die Zwiebel in dem Olivenöl hell anschwitzen. Den Bohnen-
krautzweig herausnehmen und das Gemüse zu den Zwiebeln geben.
Das Bohnen-Möhren-Gemüse und mit Salz und frisch gemahlenem
Pfeffer abschmecken und servieren.

Tipp:
Bohnenkraut passt am besten zu Bohnen, aber auch zu Zucchini, Blumenkohl, Sauerkraut und Kartoffelsuppen. Eintöpfe aus Erbsen, Linsen oder aus anderen Hülsenfrüchten macht Bohnenkraut zudem bekömmlicher. Bohnenkraut würzt sehr intensiv und verleiht Ihren Speisen ein frisches, pfeffrig-scharfes Aroma. Legen Sie das Kraut dem Gericht nur bei und entfernen es vor dem Servieren wieder.

★★★★★★★★★★★★★★★★★★★★★★★★★★★★★★★★★

Brokkoli auf Möhren-Pastinaken-Püree

2 mittelgroße Pastinaken
2 mittelgroße Möhren
1 Esslöffel Frühlingszwiebeln
1 Esslöffel Walnussöl
150 Milliliter Gemüsebrühe
1 kleiner Brokkoli

Die Pastinaken unter fließendem Wasser abbürsten, schälen und in Scheiben schneiden. Ebenso die Möhren putzen, die Schale abschaben und die Möhren in Scheiben schneiden. Die Frühlingszwiebeln waschen, putzen, in feine Ringe schneiden und in Walnussöl andünsten. Dann die Pastinaken- und Möhrenscheiben dazugeben und das Ganze mit Gemüsebrühe auffüllen. Das Möhren-Pastinaken-Püree etwa 20 bis 30 Minuten garen. In der Zwischenzeit den Brokkoli putzen, gut waschen, die Röschen vom Strunk abtrennen und separat garen. Das fertige Püree mit einem Pürierstab durchmixen und mit Brokkoliröschen garnieren.

> **Tipp:**
> Brokkoli wird basisch verstoffwechselt und ist besonders in der kalten Jahreszeit eine gute Vitamin- und Mineralienquelle. Daher sollten Sie ihn nur vorsichtig und nicht zu lange kochen, denn so könnten bis zur Hälfte seiner Vitamine zerstört werden.

✶ ✶

Buchweizen-„Risotto"

100 Gramm Buchweizen

1 Knoblauchzehe

2 Scheiben frischer Ingwer

1 Esslöffel kalt gepresstes Olivenöl

200 Milliliter Gemüsebrühe

1 kleine Rote Bete

1 Esslöffel kalt gepresstes Olivenöl

Salz zum Abschmecken

gemahlener Pfeffer zum Abschmecken

Den Buchweizen mit heißem Wasser abbrausen und abtropfen lassen. Knoblauch und Ingwer schälen, mit einem Wiegemesser klein schneiden und in dem Olivenöl hell anschwitzen. Den Buchweizen dazugeben, etwa 1 Minute mitdünsten, mit Gemüsebrühe ablöschen und

15 bis 20 Minuten bei geschlossenem Deckel und kleiner Hitze köcheln lassen. Die Rote Bete waschen, fein raspeln und separat in Olivenöl anschwitzen. Die Rote-Bete-Raspel mit Salz und frisch gemahlenem Pfeffer abschmecken, unter den Buchweizen mischen und das Ganze noch einmal abschmecken.

> **Tipp:**
> Rote Bete ist ein ausgesprochen gesundes Gemüse (siehe dazu auch unter „Wissenswertes" bei „Rote-Bete-Suppe", Seite 50), das selbst in abgekochter Form stark basisch wirkt.

Buntes Pfannengemüse aus dem Wok

100 Gramm Brokkoli

100 Gramm Blumenkohl

2 Karotten

1 Petersilienwurzel

50 bis 100 Milliliter Gemüsebrühe

2 Esslöffel Butter

Salz zum Abschmecken

Ingwerpulver zum Abschmecken

Brokkoli und Blumenkohl putzen, gut waschen und die Röschen vom Strunk abtrennen. Ebenso die Karotten und die Petersilienwurzel putzen, schälen und in Stifte schneiden. Das Gemüse etwa 10 Minuten leicht in der Gemüsebrühe garen. Die Butter in einen Wok geben und leicht erhitzen. Das bunte Pfannengemüse dazugeben und mit Salz und Ingwerpulver abschmecken.

> **Wissenswertes:**
>
> *Kohlgemüse ist ein vielseitiger Lieferant von lebensnotwendigen Vitaminen, Mineralstoffen und sekundären Pflanzenstoffen. Ganz gleich ob Blumenkohl, Brokkoli, Chinakohl oder Kohlrabi, Kohlgemüse enthält außer zahlreichen Vitaminen auch viele Mineralstoffe in hoher Konzentration – zum Beispiel Kalium, das ein lebenswichtiger Mineralstoff für unseren Körper ist. Es reguliert unter anderem unsere gesunde Zellfunktion. Kalzium ist von essenzieller Bedeutung für unsere Knochen und Zähne. Auch Eisen ist ein wichtiges Spurenelement für unseren Körper, für unsere Sauerstoffaufnahme, unseren gesamten Energiestoffwechsel und für die Blutbildung.*

Chinakohl mit Fenchel

1 kleiner Chinakohl
2 Fenchelknollen
1 walnussgroßes Stück frischer Ingwer
2 Esslöffel kalt gepresstes Olivenöl
1 kleine Tasse Gemüsebrühe
gemahlener schwarzer Pfeffer zum Abschmecken
Salz zum Abschmecken
gemahlener Koriander zum Abschmecken

Chinakohl und Fenchel putzen, gut waschen und in schmale Streifen schneiden. Anschließend den frischen Ingwer schälen, klein schneiden, in Olivenöl anschwitzen. Die Chinakohl- und Fenchelstreifen dazugeben, mit Gemüsebrühe auffüllen und das Gemüse etwa 10 Minuten dünsten. Mit frisch gemahlenem schwarzem Pfeffer, Salz und gemahlenem Koriander abschmecken.

> **Wissenswertes:**
> *Chinakohl enthält besonders viel Kalium, aber auch reichlich Magnesium und Vitamin C. Dieses Kohlgemüse ist vielseitig verwendbar in Salaten, Suppen, klassischen Kohlgerichten oder Wokgerichten und wird basisch verstoffwechselt.*

Chinakohl mit Cranberrys

2 Karotten

1 Petersilienwurzel

2 Scheiben frischer Ingwer

1 Knoblauchzehe

1 Esslöffel kalt gepresstes Olivenöl

½ Chinakohl

2 gehäufte Teelöffel Cranberrys

1 Tasse Gemüsebrühe

Salz zum Abschmecken

gemahlener Pfeffer zum Abschmecken

1 Prise Zimtpulver (wenn gewünscht)

1 Esslöffel Erdmandelflocken

Karotten und Petersilienwurzel putzen, schälen, in kleine Würfel schneiden, in ganz wenig Wasser bissfest garen. Den frischen Ingwer und die Knoblauchzehe schälen, mit einem Wiegemesser klein schneiden und in dem Olivenöl hell anschwitzen. Den Chinakohl putzen, in dünne Streifen schneiden mit den Karotten, der Petersilienwurzel und den Cranberrys in der Gemüsebrühe bissfest garen. Das Kohlgemüse mit Salz, frisch gemahlenem Pfeffer und je nach Geschmack mit Zimt abschmecken. Kurz vor dem Servieren die Erdmandelflocken über den Chinakohl streuen.

> **Tipp:**
> Mit ihrem leicht bitteren, fruchtig säuerlichen Geschmack eignen sich Cranberrys bestens zum Backen und für Desserts. Aber auch herzhaften Gerichten verleihen diese gesunden Beeren eine besondere Note.

Fenchel-Mangold-Gemüse

2 Fenchelknollen
500 Gramm Mangold
1 Apfel
1 Knoblauchzehe
2 Scheiben frischer Ingwer
1 Esslöffel kalt gepresstes Olivenöl oder Butterschmalz
1 bis 2 Esslöffel frisch gepresster Orangensaft zum Abschmecken
Chilipulver zum Abschmecken
geriebene Muskatnuss zum Abschmecken

Die Fenchelknollen putzen, gut waschen und den Strunk entfernen. Ebenso den Mangold putzen und gut waschen. Den Apfel gut waschen, dünn schälen und das Kerngehäuse entfernen. Dann alle Zutaten 20 Minuten in Salzwasser gar ziehen lassen. Knoblauch und Ingwer schälen, klein schneiden und in Olivenöl oder Butterschmalz hell anschwitzen. Die Gemüse-Apfel-Mischung dazugeben und abschmecken, zum Beispiel mit frisch gepresstem Orangensaft, Chilipulver und etwas geriebener Muskatnuss.

 Tipp:
Probieren Sie auch andere Gewürze und Früchte wie frisch gemahlenen Pfeffer und frisch gepressten Grapefruitsaft zum Abschmecken dieses Mangoldgerichts aus.

Gefüllte Paprika

2 Paprika
1 Bund Lauchzwiebeln
1 Chilischote
250 Gramm Tomaten
Salz zum Abschmecken
gemahlener Koriander zum Abschmecken
gehackte Petersilie (Menge je nach Bedarf)

Den Backofen auf 200 °C vorheizen und darin die gut geputzten und trocken getupften Paprikaschoten kurz erwärmen. Dann die Paprikaschoten oben aufschneiden und entkernen. Von den Deckeln die harten Teile entfernen und das restliche Paprikafleisch der Deckel für die Füllung in kleine Würfel schneiden. Lauchzwiebeln und Chili gut waschen, putzen und in feine Ringe schneiden. Dann die Tomaten gut waschen, putzen und in kleine Würfel schneiden. Zwiebeln, Chili und Tomaten mit Salz und gemahlenem Koriander würzen und in die Paprikaschoten füllen. Diese in eine Auflaufform setzen und zugedeckt etwa 30 Minuten bei 200 °C im vorgeheizten Backofen garen. Die gefüllten Paprika vor dem Servieren mit gehackter Petersilie garnieren.

 Tipp:
Mit roten, gelben und grünen Paprikaschoten können Sie auch Ihren Augen einen Schmaus bereiten und noch mehr Farbe in dieses Gericht bringen.

Gefüllte Paprika mit Buchweizenbulgur

2 Paprika

1 Zwiebel

1 Esslöffel kalt gepresstes Olivenöl

1½ Tassen Gemüsebrühe

1 Tasse Buchweizen-Bulgur

Salz zum Abschmecken

Pfeffer zum Abschmecken

Chilipulver zum Abschmecken

geriebene Muskatnuss zum Abschmecken

Ingwerpulver zum Abschmecken

1 kleine Handvoll frisch geschnittene Petersilie

Die Paprika gut putzen, trocken tupfen, oben aufschneiden und entkernen. Dann die Schoten im Backofen bei 140 bis 160 °C kurz vorbacken.
Für die Füllung die Zwiebel in Olivenöl hell anschwitzen, Gemüsebrühe
dazugeben und darin den Buchweizen-Bulgur etwa 1 Stunde ausquellen
lassen. Den Bulgur mit Salz, frisch gemahlenem Pfeffer, Chilipulver,
etwas geriebener Muskatnuss und Ingwerpulver abschmecken und
frisch geschnittene Petersilie untermischen. Die Füllung in die vorbe-
reiteten Schoten geben, die Deckel wieder daraufsetzen und die gefüllten Paprika servieren.

 Tipp:
Zu den gefüllten Paprika können Sie auch eine Tomaten-
sauce (siehe Seite 26) oder eine andere leckere Sauce Ihrer
Wahl reichen.

Grüner Spargel mit Karotten

2 Scheiben frischer Ingwer
2 Knoblauchzehen
1 Esslöffel kalt gepresstes Olivenöl
4 Karotten
500 Gramm Spitzen vom grünen Spargel
½ Tasse Gemüsebrühe
Salz zum Abschmecken
geriebene Muskatnuss zum Abschmecken

Den frischen Ingwer und die Knoblauchzehen schälen, mit einem Wiegemesser klein schneiden und in dem Olivenöl hell anschwitzen. Die Karotten putzen, schälen, in kleine Würfel schneiden, dazugeben und die Zutaten weiterdünsten. Wenn die Karotten etwa nach einer Viertelstunde halb gar sind, auch die Spargelspitzen dazugeben, mit Gemüsebrühe ablöschen und das Gemüse gar dünsten. Das Gemüse zum Schluss mit Salz und etwas geriebener Muskatnuss abschmecken und genießen.

Wissenswertes:

Karotten sind je nach Jahreszeit unterschiedlich fest und damit variiert auch ihre Garzeit. Stechen Sie die Karotten also am besten beim Garen an und verkürzen oder verlängern Sie die Garzeit entsprechend. Dies gilt übrigens auch für Kartoffeln, Pastinaken, Fenchel und viele andere Gemüsesorten, aber auch für Äpfel.
Grüner Spargel wächst über der Erde, daher genießt er das Sonnenlicht, bildet Chlorophyll und somit wird grün. Von den Inhaltsstoffen her übertrifft er den weißen Spargel bei Weitem. Er enthält mehr

Vitamin C und Carotin. Er schmeckt herzhafter und muss nur an seinen dicken Enden ein wenig geschält werden. Zudem ist seine Kochzeit deutlich kürzer.

★ ★

Karotten-Fenchel-Gemüse

1 große Zwiebel
1 bis 2 Knoblauchzehen
1 bis 2 Scheiben frischer Ingwer
1 Esslöffel kalt gepresstes Olivenöl
5 bis 6 mittelgroße Karotten
1 mittelgroße Fenchelknolle
¼ Liter Gemüsebrühe
Salz zum Abschmecken
1 Handvoll frische Kräuter

Zwiebeln, Knoblauch und Ingwer schälen, klein schneiden und in Olivenöl hell anschwitzen. Die Karotten putzen und klein schneiden. Ebenso die Fenchelknolle putzen, gut waschen und den Strunk entfernen. Die Karotten- und Fenchelstücke dazugeben, alle Zutaten kurz durchrühren und mit Gemüsebrühe ablöschen. Das Karotten-Fenchel-Gemüse etwa 15 Minuten bissfest garen und mit Salz abschmecken. Die frischen Kräuter mit einem Wiegemesser klein schneiden oder einzelne Blättchen abzupfen und das knackige Gemüse damit bestreuen.

Wissenswertes:

Die Fenchelknolle bringt eine interessante Anisnote in Ihre Gerichte, schmeckt leicht süßlich und sehr aromatisch. Fenchel lässt sich gut füllen und auch in Salaten ist diese stark Basen bildende Knolle sehr schmackhaft fein geschnitten oder geraspelt. Achten Sie beim Kauf darauf, dass die Knollen fest und weiß-grünlich sind. Fenchel mit braunen Außenblättern oder holzigem Anschnitt ist dagegen nicht mehr frisch und schmeckt trocken.

✶✶✶✶✶✶✶✶✶✶✶✶✶✶✶✶✶✶✶✶✶✶✶✶✶✶✶✶✶✶✶✶✶

Karotten-Kartoffel-Gemüse (nach Omas Rezept)

3 Esslöffel Sesamöl oder kalt gepresstes Olivenöl
gemahlener schwarzer Pfeffer zum Abschmecken
Salz zum Abschmecken
geriebene Muskatnuss zum Abschmecken
3 Kartoffeln
4 Karotten
1 Tasse Gemüsebrühe
2 Esslöffel gehackte Mandeln

Das Sesamöl oder Olivenöl erwärmen und mit frisch gemahlenem schwarzem Pfeffer, Salz und etwas geriebener Muskatnuss vermischen. Die Kartoffeln unter fließendem Wasser abbürsten, schälen und in dünne Scheiben schneiden. Die Karotten waschen, gründlich abbürsten, die Schale abschaben und ebenso in dünne Scheiben schneiden. Dann auch die Kartoffeln und die Karotten in das warme Ölgemisch geben. Alle Zutaten mit Gemüsebrühe ablöschen und 20 bis 30 Minuten leicht köcheln lassen. Die gehackten Mandeln unter das Karotten-Kartoffel-Gemüse mischen und evtl. noch etwas nachwürzen.

 Tipp:
Dieses herzhafte Gemüse nach Omas Rezept können Sie auch im Wok zubereiten.

★★★★★★★★★★★★★★★★★★★★★★★★★★★★★★★★★

Karotten mit Mangold

6 junge Karotten
½ Schnittknoblauch
1 walnussgroßes Stück frischer Ingwer
300 Gramm Mangold
1 Esslöffel kalt gepresstes Olivenöl
3 bis 4 Esslöffel Gemüsebrühe
Salz zum Abschmecken
gemahlener Pfeffer zum Abschmecken
geriebene Muskatnuss (wenn gewünscht)

Die Karotten waschen, gründlich abbürsten und in Scheiben schneiden. Den Schnittknoblauch und den frischen Ingwer schälen und klein schneiden. Den Mangold gründlich waschen. Anschließend das Olivenöl erhitzen und Schnittknoblauch und den frischen Ingwer darin hell anschwitzen. Karotten und Mangold dazugeben, etwa 2 bis 3 Minuten andünsten und mit Gemüsebrühe ablöschen. Das Karotten-Mangold-

Gemüse 20 Minuten köcheln lassen und zum Schluss mit Salz, frisch gemahlenem Pfeffer und nach Belieben mit etwas geriebener Muskatnuss abschmecken.

Wissenswertes:
Schnittknoblauch oder auch Chinesischer Knoblauch kommt ursprünglich aus Asien. Er hat nur eine runde Zehe, die jedoch größer als gewöhnliche Knoblauchzehen ist. Geschmacklich ähnelt Schnittknoblauch eher dem Knoblauch als dem Schnittlauch, ist aber viel milder als Knoblauch, ohne nach dem Essen Knoblauchgeruch hervorzurufen. Diese Knoblauchart können Sie für Salate, Gemüsegerichte oder Brotaufstriche verwenden. Auch die Blätter des Schnittknoblauchs können mitgekocht werden. Knoblauch ist ein basisches Lebensmittel.

★★★★★★★★★★★★★★★★★★★★★★★★★★★★★★★★★★★★★★

Karotten-Püree oder -Suppe

2 Schalotten
1 Esslöffel kalt gepresstes Olivenöl
250 Gramm Karotten
1 Staudensellerie
1 walnussgroßes Stück frischer Ingwer
1 Esslöffel Salz für das Salzwasser und zum Abschmecken
gemahlener Pfeffer zum Abschmecken
geriebene Muskatnuss zum Abschmecken

Die Schalotten schälen, in kleine Ringe schneiden und in Olivenöl anschwitzen. Anschließend die Karotten waschen, gründlich abbürsten, die Schale abschaben und die Karotten klein schneiden. Den Staudensellerie putzen und in kleine Stücke schneiden. Ebenso den frischen Ingwer schälen und klein schneiden. Die Karotten und den Staudensellerie mit dem Ingwer etwa 15 Minuten in so viel Salzwasser garen, dass das Gemüse nicht ganz mit Wasser bedeckt ist. Die angeschwitzten Schalotten dazugeben, mit Salz, frisch gemahlenem Pfeffer und etwas geriebener Muskatnuss abschmecken und das Karotten-Staudensellerie-Gemüse mit einem Pürierstab zu einem Püree durchmixen.

> **Tipp:**
> Sieben Sie für ein Püree vor dem Pürieren am besten den größten Teil des Kochwassers ab (und verwenden es für ein anderes Gericht). Wenn Sie aus diesem Rezept eine Suppe zubereiten wollen, können Sie das gesamte Kochwasser mit verwenden und die Suppe je nach gewünschter Konsistenz noch mit etwas Gemüsebrühe auffüllen.

Pikanter Kartoffelauflauf

1 Kilogramm Kartoffeln

2 Zwiebeln

1 bis 2 Esslöffel kalt gepresstes Olivenöl

2 säuerliche Äpfel

fein geschnittene Kräuter (Menge je nach Bedarf)

Butterflocken (Menge je nach Bedarf)

Die Kartoffeln unter fließendem Wasser abbürsten, schälen, in Salzwasser gar kochen und mit einem Kartoffelstampfer zu Brei verarbeiten. Die Zwiebeln schälen, in feine Ringe schneiden und in dem Olivenöl knusprig anbraten. Anschließend eine Auflaufform buttern, ein Drittel des Kartoffelbreis hineinfüllen, die Zwiebeln darauf verteilen und das zweite Drittel des Breis darübergeben. Die Äpfel gut waschen, schälen, vierteln und das Kerngehäuse entfernen. Dann die Äpfel in kleine Stücke schneiden, mit den unter fließendem Wasser abgespülten und fein geschnittenen Kräutern auf der zweiten Lage des Breis verteilen. Darauf Butterflocken setzen und zum Schluss die dritte Lage des Kartoffelbreis darauf schichten. Den pikanten Kartoffelauflauf etwa 15 Minuten bei 200 °C überbacken.

 Tipp:
Probieren Sie diesen pikanten Kartoffelauflauf auch einmal mit fein geschnittenen, gedünsteten Pilzen, die Sie statt der Äpfel dazugeben

Kartoffel-Fenchel-Püree

300 Gramm mehligkochende Kartoffeln
1 Fenchelknolle
75 bis 100 Milliliter süße Sahne
1 Teelöffel Butter
Salz zum Abschmecken
geriebene Muskatnuss zum Abschmecken

Die Kartoffeln unter fließendem Wasser abbürsten, schälen, in kleine Würfel schneiden und in Salzwasser garen. Dann die Fenchelknolle putzen, waschen, in ½ Zentimeter große Stücke schneiden und in kochendem Salzwasser weichkochen. Die süße Sahne erhitzen, die Hälfte des Fenchels mit der heißen Sahne pürieren, zu den Kartoffeln geben und alle Zutaten mit einem Kartoffelstampfer zu Brei verarbeiten. Die Butter zerlassen, die andere Hälfte des Fenchels darin kurz anschwitzen und zu dem gestampften Kartoffelbrei geben. Das Kartoffel-Fenchel-Püree mit Salz und etwas geriebener Muskatnuss abschmecken.

> **Wissenswertes:**
> *Festkochende Kartoffeln* eignen sich besonders für Salz-, Pell- und Bratkartoffeln sowie für Salate. Mit *vorwiegend festkochenden Kartoffeln* können Sie ebenso gut Salz- und Pellkartoffeln zubereiten. Sie eignen sich aber auch für Kartoffelpuffer, Rösti oder Aufläufe. Ein wirklich guter Kartoffelsalat oder ein Püree wird aus ihnen jedoch nicht. *Mehligkochende Kartoffeln* nehmen Sie am besten für Püree, Knödel, Kartoffelpuffer, Aufläufe, Suppen oder Eintöpfe.

Kartoffel-Kürbis-Pfannkuchen

200 Gramm mehligkochende Kartoffeln
150 Gramm Hokkaido-Kürbis
1 kleine Zwiebel
Salz zum Abschmecken
gemahlener Pfeffer zum Abschmecken
1 bis 2 Teelöffel Kartoffelmehl
kalt gepresstes Olivenöl zum Ausbacken

Die Kartoffeln und den Hokkaido-Kürbis abbürsten. Dann nur die Kartoffeln schälen, den Kürbis jedoch mit Schale weiterverarbeiten. Beides klein schneiden und etwa 20 Minuten garen. Anschließend die Zwiebel schälen, fein reiben und trocken andünsten. Alle Zutaten gut vermischen und durch eine Kartoffelpresse drücken. Die Kartoffel-Kürbis-Masse mit Salz und frisch gemahlenem Pfeffer abschmecken, Kartoffelmehl untermischen und nach und nach in Olivenöl kleine Plätzchen ausbacken, sofort servieren und genießen.

Wissenswertes:

Auch den Hokkaido-Kürbis (siehe dazu auch unter „Wissenswertes" bei „Kürbis-Apfel-Gemüse", Seite 79) bereiten Sie im Winter besser ohne Schale zu, da diese zu bitter ist. Im Sommer können Sie diese Kürbissorte aber mit Schale verarbeiten.

Kartoffel-Zucchini-Puffer

3 Kartoffeln
1 Zucchini
Kräutersalz zum Abschmecken
Ingwerpulver zum Abschmecken
2 Esslöffel Sonnenblumenöl zum Ausbacken

Die Kartoffeln unter fließendem Wasser abbürsten, mit der Schale garen, pellen und fein reiben. Die Zucchini gut waschen, den Strunk und das Anfangsstück entfernen und die Zucchini fein raspeln. Dann mit Kräutersalz und etwas Ingwerpulver abschmecken und ein paar Minuten durchziehen lassen. Das Sonnenblumenöl erhitzen und die Kartoffel-Zucchini-Masse esslöffelweise ins heiße Öl geben, etwas flach drücken und die Puffer von beiden Seiten hellgelb ausbacken.

Wissenswertes:

Wussten Sie, dass die Zucchini eine Unterart des Gemüsekürbisses ist? Zucchini werden roh und gedünstet, gekocht, gebacken oder püriert als Gemüse gegessen. Auch die leuchtend gelben Blüten sind essbar. Zucchini sind sehr nahrhaft, enthalten viel Zink und werden basisch verstoffwechselt.

Kohlrabi-Kartoffel-Gemüse

2 Kohlrabi
2 festkochende Kartoffeln
1 Tasse Gemüsebrühe
1 Teelöffel Salz
süße Sahne (Menge je nach Bedarf)
1 Esslöffel kalte Butter
ein paar junge Kohlrabiblätter
gemahlener Pfeffer zum Abschmecken
geriebene Muskatnuss zum Abschmecken

Kohlrabi und Kartoffeln abbürsten, schälen und in Pommes-Frites-Größe schneiden. Dann beides zu der Gemüsebrühe geben, mit dem Salz nachwürzen und nicht ganz gar kochen. Anschließend etwas süße Sahne zu den Kohlrabi- und Kartoffel-Pommes geben und mit der kalten Butter vermischen. Die Blätter der Kohlrabiknollen waschen, pürieren und darübergeben und das Gemüse vor dem Servieren mit frisch gemahlenem Pfeffer und etwas geriebener Muskatnuss abschmecken.

> **Tipp:**
> Denken Sie am besten schon beim Einkaufen daran, Kohlrabiknollen mit frischen jungen Blättern auszuwählen.

Kürbis-Apfel-Gemüse

500 Gramm Hokkaido-Kürbis
2 säuerliche Äpfel
5 Schalotten
3 Esslöffel kalt gepresstes Olivenöl
½ Bund Thymian
Salz

Den Hokkaido-Kürbis gründlich abbürsten und schälen. Die Äpfel gut waschen, vierteln, das Kerngehäuse entfernen und die Äpfel ebenso schälen. Dann Kürbis und Äpfel in Spalten schneiden. Die Schalotten schälen und klein schneiden. Das Olivenöl leicht erhitzen und die Schalotten darin hell anschwitzen, den Kürbis dazugeben und dünsten. Nach 10 Minuten die Äpfel untermischen und alle Zutaten noch weitere 10 Minuten zugedeckt dünsten. Abschmecken. Zum Schluss den Thymian unter fließendem Wasser abspülen, abzupfen, mit einem Wiegemesser klein schneiden und über das basische Kürbis-Apfel-Gemüse streuen.

Wissenswertes:

Der Hokkaido-Kürbis ist die nahrhafteste aller Kürbissorten. Er enthält 55 Prozent Stärke. Sein Gehalt an Beta-Karotin ist sogar siebenmal höher als bei anderen Kürbissorten. Zudem haben Kürbisse ein ausgesprochen gutes Natrium-Kalium-Verhältnis, sind reich an Vitamin B sowie Basen bildend und sehr gut als reizarme Nahrung geeignet.

Kürbis-Lauch-Gemüse aus dem Wok

3 Stangen Lauch
1 kleiner Hokkaido-Kürbis
1 Zwiebel
2 Esslöffel Sonnenblumenöl
Salz zum Abschmecken
gemahlener Pfeffer zum Abschmecken

Den Lauch putzen, längs halbieren, auffächern, unter fließendem kaltem Wasser waschen und in feine Ringe schneiden. Den Hokkaido-Kürbis gründlich abbürsten, schälen, mit einem Esslöffel die Kerne entfernen und das Fruchtfleisch in kleine, dünne Spalten schneiden. Die Zwiebel schälen und mit einem Wiegemesser klein schneiden. Das Sonnenblumenöl in einen Wok geben und die Zwiebelstücke darin hell anschwitzen. Lauch- und Kürbisstücke dazugeben und 15 bis 20 Minuten dünsten. Dabei immer wieder gut durchrühren und das Gemüse gegen Ende der Garzeit mit Salz und frisch gemahlenem Pfeffer abschmecken.

 Tipp:
Dieses basische Wok-Gemüse ist schnell gemacht und sehr sättigend. Sie können es geschmacklich mit einer Handvoll Mandelstiften verfeinern, die Sie kurz vor dem Servieren dazugeben. Dann schmeckt es nicht nur hervorragend, sondern sieht auch nach mehr aus.

Kürbis-Pastinaken-Gemüse

1 kleiner Hokkaido-Kürbis
2 große Kartoffeln
1 Pastinake
2 Esslöffel kalt gepresstes Olivenöl oder Kürbiskernöl
1 kleine Zwiebel
1 walnussgroßes Stück frischer Ingwer
¼ Liter Gemüsebrühe
Salz zum Abschmecken
geriebene Muskatnuss zum Abschmecken
frisch geschnittene Kräuter (wenn gewünscht)

Den Kürbis gründlich abbürsten, Ansatz und Stiel abschneiden, mit einem Esslöffel die Kerne entfernen und den Kürbis mit Schale in Stücke schneiden. Die Kartoffeln unter fließendem Wasser abbürsten, schälen und in kleine Stücke schneiden. Die Pastinake waschen, schälen und ebenfalls in Stücke schneiden. Dann das Oliven- oder Kürbiskernöl leicht erhitzen. Die Zwiebel und den frischen Ingwer schälen, mit einem Wiegemesser in feine Würfel schneiden und in dem Öl hell anschwitzen. Anschließend die Kürbis-, Kartoffel- und Pastinakenstücke dazugeben, mit Gemüsebrühe auffüllen und das Kürbis-Pastinaken-Gemüse 20 bis 30 Minuten bei mittlerer Hitze garen. Mit Salz und etwas geriebener Muskatnuss abschmecken und vor dem Servieren nach Belieben frisch geschnittene Kräuter darüberstreuen.

> **Wissenswertes:**
> Das aus dem Steirischen Ölkürbis hergestellte Kürbiskernöl ist kalt gepresst und sehr aromatisch. Dieses hochwertige Kürbiskernöl schmeckt angenehm nussig, doch Sie sollten es vorsichtig dosieren, da es einen intensiven Eigengeschmack hat. Es passt wunderbar zu frischen Salaten und verleiht Saucen, Suppen und Gemüsegerichten eine sehr delikate Note.

★ ★

Kürbis-Sellerie-Gemüse

1 Lauch
1 Esslöffel kalt gepresstes Olivenöl
200 Gramm Hokkaido-Kürbis
200 Gramm Sellerie
200 Milliliter Gemüsebrühe
Salz zum Abschmecken
geriebene Muskatnuss zum Abschmecken

Den Lauch putzen, längs halbieren, auffächern, unter fließendem kaltem Wasser waschen und in dünne Streifen schneiden. Die Lauchstreifen in dem Olivenöl leicht andünsten. Dann den Kürbis gründlich abbürsten, Ansatz und Stiel abschneiden, mit einem Esslöffel die Kerne entfernen und den Kürbis mit Schale in kleine Würfel schneiden. Ebenso den Sellerie waschen, schälen und in Stücke schneiden. Die Kürbis- und Selleriestücke zu dem Lauch geben und weiterdünsten. Das Kürbis-Sellerie-Gemüse mit Gemüsebrühe ablöschen und etwa 20 bis

30 Minuten köcheln lassen. Zum Schluss mit Salz und etwas geriebener Muskatnuss abschmecken und das Gemüse mit einem Pürierstab pürieren. Servieren und genießen.

Tipps:

Es muss nicht immer Hokkaido-Kürbis (siehe dazu auch unter „Wissenswertes" bei „Kürbis-Apfel-Gemüse", Seite 79) sein. Bereiten Sie Ihr nächstes Kürbisgericht doch einmal mit dem ebenso schmackhaften Muskatkürbis oder einer anderen Kürbisart zu. Mit der Flüssigkeitsmenge sollten Sie dann allerdings etwas flexibel umgehen, damit aus einer Suppe, die Sie zubereiten wollen, nicht eine dicke Paste wird.

Natürlich können Sie statt des Olivenöls auch Kürbiskernöl verwenden doch vielleicht nicht ausschließlich, je nach Geschmack, damit der Geschmack des Kürbiskernöls nicht zu dominant wird.

Gebratene Kürbisspalten

1 Zwiebel

1 Knoblauchzehe

1 kleine grüne Chilischote

1 Esslöffel kalt gepresstes Olivenöl

300 Gramm Tomaten

Salz zum Abschmecken

1 kleiner Hokkaido-Kürbis

4 bis 5 Teelöffel Zitronensaft

geriebene Muskatnuss zum Abschmecken

gemahlener Pfeffer zum Abschmecken

Die Zwiebel schälen und in kleine Würfel schneiden. Die Chilischote waschen und mit der geschälten Knoblauchzehe als Ganzes in Olivenöl anschwitzen. Die Tomaten waschen, die harten Teile entfernen, dann 5 Minuten in heißes Wasser legen, häuten und das Tomatenfleisch in kleine Würfel schneiden. Die Tomatenwürfel dazugeben und alle Zutaten etwa 15 Minuten sämig einkochen lassen. Das Tomatenpüree mit Salz würzen. Anschließend den Kürbis gründlich abbürsten, mit einem Esslöffel die Kerne entfernen und das Kürbisfleisch in 1 bis 2 Zentimeter breite Spalten schneiden. Die Kürbisspalten in dem Olivenöl etwa 5 Minuten hellbraun braten, mit etwas Salz, frisch gemahlenem Pfeffer und etwas geriebener Muskatnuss abschmecken und mit dem Zitronensaft beträufeln. Die Spalten zu dem Tomatenpüree geben und genießen.

>  **Tipp:**
> Noch leckerer schmecken die gebratenen Kürbisspalten,
> wenn Sie sie mit ein paar Blättchen von glatter Petersilie
> und Basilikum garnieren.

★ ★

Mediterrane Stampfkartoffeln

300 bis 400 Gramm Kartoffeln

1 Knoblauchzehe

1 walnussgroßes Stück frischer Ingwer

1½ Liter Salzwasser

100 Gramm Kirschtomaten

2 Lauchzwiebeln

1 Esslöffel kalt gepresstes Olivenöl

½ Bund Basilikum

1 Esslöffel Zitronensaft

Salz zum Abschmecken

gemahlener Pfeffer zum Abschmecken

Die Kartoffeln unter fließendem Wasser abbürsten. Den Knoblauch und den frischen Ingwer schälen, reiben und mit den ungeschälten Kartoffeln 15 bis 20 Minuten in Salzwasser garen. In der Zwischenzeit die Kirschtomaten waschen und klein schneiden. Ebenso die Lauchzwiebeln waschen, putzen, in feine Ringe schneiden und mit den Tomatenstücken 1 Minute in Olivenöl anschwitzen. Das Basilikum unter fließendem kaltem Wasser abbrausen, abzupfen und grob hacken. Die gegarten Kartoffeln pellen und mit einem Kartoffelstampfer zerkleinern. Die Tomatenstücke, die Zwiebelringe und die Basilikumblättchen mit dem Zitronensaft unter die Stampfkartoffeln mengen und mit Salz und frisch gemahlenem Pfeffer abschmecken.

Wissenswertes:

Die Kirsch- oder Cocktailtomate ist die kleinste von 2500 verschiedenen Tomatensorten. Sie schmeckt intensiver als größere Tomaten, da ihr Wassergehalt geringer ist. Dem in Tomaten enthaltenen Farbstoff Lycopin wird eine krebshemmende Wirkung nachgesagt. Tomaten enthalten besonders viel Vitamin A und C sowie reichlich Kalium und sind zudem Basen bildend. Ich empfehle Ihnen, möglichst Tomaten aus Ihrer Region zu kaufen. Sie sind viel aromatischer und vitaminreicher.

★ ★

Süßsaures Mischgemüse

2 kleine Zucchini
2 mittlere Karotten
100 Gramm Hokkaido-Kürbis
2 Esslöffel kalt gepresstes Olivenöl
2 bis 4 Esslöffel Gemüsebrühe
Salz zum Abschmecken
gemahlener Pfeffer zum Abschmecken
100 Gramm milchsauer vergorenes Sauerkraut in Bio-Qualität
Sauerkrautsaft (wenn gewünscht)

Die Zucchini gut waschen, den Strunk und das Anfangsstück entfernen und die Zucchini würfeln. Die Karotten waschen, gründlich abbürsten, die Schale abschaben und die Karotten in kleine Würfel schneiden. Das Hokkaido-Kürbis-Stück mit Schale ebenfalls in kleine Würfel schneiden. Alle Zutaten in Olivenöl anschwitzen, die Gemüsebrühe dazugeben, etwa 15 Minuten köcheln lassen und mit Salz und frisch gemahlenem Pfeffer abschmecken. Das Sauerkraut etwas klein schneiden, dazugeben und etwa 3 Minuten mitköcheln lassen. Das süßsaure Mischgemüse je nach Geschmack nachwürzen und evtl. noch etwas Sauerkrautsaft dazugeben.

> **Tipp:**
> Dieses Gericht können Sie auch im Wok zubereiten. Geben
> Sie die einzelnen Gemüsesorten dann am besten nach
> und nach in den Wok, je nachdem, wie bissfest oder weich sie
> werden sollen.

Mittelmeergemüse

1 rote Paprika

1 gelbe Paprika

1 Zucchini

1 Zwiebel

1 Esslöffel kalt gepresstes Olivenöl

1 Fleischtomate

Salz zum Abschmecken

gemahlener Pfeffer zum Abschmecken

Die Paprikaschoten waschen, halbieren, entkernen und klein schneiden. Die Zucchini waschen, den Strunk und das Anfangsstück entfernen und ebenso klein schneiden. Anschließend die Zwiebel schälen und in kleine Würfel schneiden. Das Olivenöl leicht erhitzen und darin zuerst die Zwiebel hell anschwitzen, dann die Paprika dünsten und zuletzt die Zucchiniwürfel dazugeben und etwa 15 Minuten mitgaren. Die Fleischtomate waschen, die harten Teile entfernen, die Tomate 5 Minuten in heißes Wasser legen, häuten und in Stücke schneiden. Die Tomatenstücke zu dem Mittelmeergemüse geben und anschließend mit Salz und frisch gemahlenem Pfeffer abschmecken.

Tipp:
Wenn Sie die Paprikaschoten nach dem Waschen schälen, sind sie besser verträglich.

Pastinaken-Fenchel-Püree

200 Gramm Pastinaken
200 Gramm Fenchel
1 Knoblauchzehe
1 Scheibe frischer Ingwer
1 Esslöffel kalt gepresstes Olivenöl
150 Milliliter süße Sahne
Salz zum Abschmecken
Anispulver zum Abschmecken
gemahlener Pfeffer zum Abschmecken

Die Pastinaken unter fließendem Wasser abbürsten und in große Stücke schneiden. Den Fenchel putzen, waschen und ebenfalls in große Stücke schneiden. Dann die Stücke 20 Minuten garen. Den Knoblauch und den frischen Ingwer schälen, mit einem Wiegemesser klein schneiden und in dem Olivenöl anschwitzen. Mit der süßen Sahne ablöschen und etwa 2 Minuten köcheln lassen. Anschließend die Pastinaken- und Fenchelstücke dazugeben, das Gemüse mit einem Pürierstab pürieren und mit Salz, Anispulver und frisch gemahlenem Pfeffer abschmecken.

> **Tipp:**
> Das süßlich-würzige Anispulver betont den Geschmack des Fenchels.

Pikantes Gemüse aus dem Wok

1 Stück Sellerie

1 Petersilienwurzel

1 Karotte

1 Apfel

2 Esslöffel kalt gepresstes Olivenöl

Salz zum Abschmecken

gemahlener Pfeffer zum Abschmecken

1 walnussgroßes Stück frischer Ingwer

1 Knoblauchzehe

125 Milliliter süße Sahne

Den Sellerie waschen, schälen, in kleine Stücke schneiden und in Salzwasser blanchieren. Die Petersilienwurzel und die Karotte waschen, gründlich abbürsten und ebenso in kleine Stücke schneiden. Den Apfel gut waschen, vierteln, das Kerngehäuse entfernen und anschließend mit Schale in kleine Stücke schneiden. Das Olivenöl im Wok erwärmen, alle Zutaten dazugeben und kurz bissfest andünsten. Das pikante Gemüse mit Salz und frisch gemahlenem Pfeffer abschmecken. Anschließend den frischen Ingwer in Scheiben schneiden, die Knoblauchzehe klein schneiden und beides zu dem Wurzelgemüse geben und mit der süßen Sahne ablöschen.

Rettich-Gemüse

400 Gramm Rettich
250 Gramm Karotten
1 Zwiebel
1 Esslöffel Butter
125 Milliliter Gemüsebrühe
Salz zum Abschmecken
gemahlener Pfeffer zum Abschmecken
geriebene Muskatnuss zum Abschmecken
1 Esslöffel glatte Petersilie
2 Esslöffel Schnittlauch

Den Rettich waschen, schälen und in Scheiben schneiden. Ebenso die Karotten waschen, gründlich abbürsten und in Scheiben schneiden. Dann die Zwiebel schälen und in Scheiben schneiden. Die Butter zerlassen und Zwiebel, Karotten und Rettich 5 Minuten bei milder Hitze darin dünsten. Anschließend das Gemüse mit Gemüsebrühe ablöschen und 20 Minuten köcheln lassen. Mit Salz, frisch gemahlenem Pfeffer und etwas geriebener Muskatnuss abschmecken. Die Petersilie unter fließendem Wasser abbrausen, die Blättchen vom Stängel abzupfen und mit einem Wiegemesser klein schneiden. Auch den Schnittlauch unter fließendem Wasser abbrausen und in feine Röllchen schneiden. Die Kräuter vor dem Servieren über das Rettich-Gemüse streuen. Guten Appetit!

 Tipp:
Wenn Sie Petersilie und Schnittlauch als gemischte Kräuter verwenden wollen, nehmen Sie am besten die doppelte Menge Schnittlauch. So wird der Geschmack der Kräuter intensiver.

Sauerkraut-Töpfchen

1 Zwiebel

1 Esslöffel kalt gepresstes Olivenöl

300 Gramm milchsauer vergorenes Sauerkraut in Bio-Qualität

1 Teelöffel Kümmel

1 Lorbeerblatt

½ Teelöffel Wacholderbeeren

½ Liter Gemüsebrühe

200 Gramm mehligkochende Kartoffeln

1 säuerlicher Apfel

Salz zum Abschmecken

gemahlener Pfeffer zum Abschmecken

Die Zwiebel schälen, in kleine Würfel schneiden und in dem Olivenöl hell anschwitzen. Das Sauerkraut, den Kümmel, das Lorbeerblatt und die Wacholderbeeren dazugeben und mit Gemüsebrühe auffüllen. Anschließend die Kartoffeln unter fließendem Wasser abbürsten und schälen. Den Apfel gut waschen, vierteln, das Kerngehäuse entfernen und den Apfel schälen. Die Kartoffeln und den Apfel in Spalten schneiden und etwa 40 Minuten bei kleiner Hitze köcheln lassen und zu dem Sauerkraut geben. Das Sauerkrauttöpfchen mit Salz und frisch gemahlenem Pfeffer nachwürzen und das Lorbeerblatt sowie die Wacholderbeeren vor dem Servieren entfernen.

> **Tipp:**
> Da Sauerkraut immer etwas kräftiger schmeckt, sollten Sie dieses herzhafte Gericht wohldosiert würzen. Nehmen Sie für das Sauerkrauttöpfchen also besser etwas weniger Salz und Pfeffer.

Schmorgurken-Gemüse

1 Esslöffel Butter oder Butterschmalz
125 Gramm Zwiebeln
500 Gramm Schmorgurken
1 kleine rote Paprika
½ Tasse Gemüsebrühe
Salz zum Abschmecken
gemahlener Pfeffer zum Abschmecken
1 Prise Zucker

Butter oder Butterschmalz in einem Topf zergehen lassen. Die Zwiebeln schälen, in kleine Würfel schneiden und in dem Fett hell anschwitzen. Die Schmorgurken waschen, schälen, längs halbieren, mit einem Esslöffel die Kerne herausschaben und die Gurken in dicke Scheiben schneiden. Die Paprikaschote waschen, vierteln, entkernen und in Streifen schneiden. Dann die Schmorgurkenscheiben und die Paprikastreifen zu den Zwiebeln geben, mitdünsten, mit der Gemüsebrühe auffüllen und 20 bis 25 Minuten garen. Das Schmorgurken-Gemüse mit Salz, frisch gemahlenem Pfeffer und 1 Prise Zucker abschmecken.

Wissenswertes:

Schmorgurken *sind etwas fester, dicker und kürzer als Salatgurken. Sie haben eine raue, warzig aussehende Oberfläche, eine gelblich-grüne Schale und ihr Fruchtfleisch ist weniger wässrig als das von Salatgurken. Schmorgurken haben ein kräftigeres Aroma und ihr Fruchtfleisch zerfällt beim Erhitzen nicht so schnell. Dieses Sommergemüse ist von Juli bis September auf Wochenmärkten erhältlich (siehe dazu auch unter „Wissenswertes" bei „Gurken-Kartoffel-Suppe", Seite 35).*

Staudensellerie-Gemüse

½ Staudensellerie

3 Karotten

1 Schalotte

1 walnussgroßes Stück frischer Ingwer

2 Esslöffel Sesamöl

1 Tasse Gemüsebrühe

Salz zum Abschmecken

gemahlener Pfeffer zum Abschmecken

4 ungeschwefelte getrocknete Aprikosen (ohne Stein)

Den Staudensellerie putzen und in feine Streifen schneiden. Die Karotten waschen, gründlich abbürsten oder schälen und in feine Stifte scheiden. Dann die Schalotte schälen und ebenso in kleine Stücke schneiden. Den frischen Ingwer schälen, klein schneiden und in dem Sesamöl hell anschwitzen. Staudensellerie und Karotten dazugeben, mit Gemüsebrühe auffüllen und etwa 10 Minuten dünsten. Das Staudensellerie-Gemüse mit Salz und frisch gemahlenem Pfeffer abschmecken. Zum Schluss die Aprikosen klein schneiden und unter das Gemüse mischen.

Tipp:
Wenn Sie dieses Gemüse mit mehr Gemüsebrühe auffüllen, können Sie daraus eine schmackhafte Suppe machen.

Wirsing-Apfel-Gemüse

600 Gramm Wirsing
1 bis 2 Zwiebeln
3 bis 4 säuerliche Äpfel
2 Esslöffel kalt gepresstes Olivenöl
300 Milliliter Gemüsebrühe

Den Wirsing gut waschen, den Strunk und zu dicke Rippen heraus-
schneiden und die Wirsingblätter klein schneiden. Die Zwiebeln schälen und in kleine Würfel schneiden. Dann die Äpfel gut waschen,
vierteln, das Kerngehäuse entfernen, die Äpfel schälen und klein
schneiden. Alle Zutaten in dem Olivenöl kurz anschwitzen und in der
Gemüsebrühe etwa 10 Minuten dünsten.

> **Wissenswertes:**
> *Wirsing ist der zarteste unter den Kohlköpfen. Er enthält besonders
> viel Chlorophyll. Besonders in den Wintermonaten ist der Basen bil-
> dende Wirsing eine ausgezeichnete Vitamin-C-Quelle.*

Wirsing-Gemüse mit Birnen

500 Gramm Wirsing
1 walnussgroßes Stück frischer Ingwer
1 Knoblauchzehe
1 Esslöffel kalt gepresstes Olivenöl
2 mittelgroße Birnen
1 Tasse Gemüsebrühe
Salz zum Abschmecken
gemahlener Pfeffer zum Abschmecken
2 bis 3 Esslöffel süße Sahne (wenn gewünscht)

Den Wirsing gut waschen, den Strunk und zu dicke Rippen heraus-
schneiden und die Wirsingblätter in grobe Stücke schneiden. Den frischen Ingwer und den Knoblauch schälen, mit einem Wiegemesser
klein schneiden und in dem Olivenöl hell anschwitzen. Dann die Birnen gut waschen, vierteln, das Kerngehäuse entfernen, schälen und
in dünne Scheiben schneiden. Wirsing und Birnen dazugeben, mit
Gemüsebrühe ablöschen und dünsten, bis das Gemüse weich geworden ist. Anschließend mit Salz und frisch gemahlenem Pfeffer gut würzen und das Wirsing-Gemüse je nach Geschmack mit süßer Sahne
verfeinern.

Wissenswertes:

*Süße Sahne ist ein schwach basisches Lebensmittel. Beim Kauf soll-
ten Sie aber darauf achten, dass sie keine künstlichen Zusatzstoffe
wie etwa den Stabilisator Carrageen enthält und aus Biomilch hergestellt wurde.*

Wirsing mit Pilzen

1 kleiner Wirsing
2 Frühlingszwiebeln
150 bis 200 Gramm Champignons
1 Esslöffel Butterschmalz
200 Milliliter Gemüsebrühe
30 bis 50 Gramm süße Sahne
ein paar Stängel Petersilie
Salz zum Abschmecken
gemahlener Pfeffer zum Abschmecken
1 Teelöffel Zitronensaft

Von dem Wirsing die äußeren Blätter und den Strunk entfernen. Den Wirsing gut waschen und abtropfen lassen. Die Frühlingszwiebeln waschen, putzen, in feine Ringe schneiden und in dem Butterschmalz hell anschwitzen. Die Champignons trocken putzen und in Scheiben schneiden. Den Wirsing und die Pilze mit den Zwiebelringen vermengen und etwa 5 Minuten dünsten. Mit Gemüsebrühe auffüllen und bei schwacher Hitze 20 bis 30 Minuten lang köcheln lassen und bissfest garen. Inzwischen die Petersilie unter fließendem Wasser abbrausen und klein hacken. Dann die süße Sahne unterrühren und das Wirsinggemüse mit der Petersilie, Salz, frisch gemahlenem Pfeffer und etwas Zitronensaft abschmecken.

Wissenswertes:

Champignons sollten Sie nur trocken mit einer Pilzbürste putzen oder abreiben, sonst werden sie schwammig. Auch sie gehören wie viele andere Pilzsorten zu den Basen bildenden Lebensmitteln.

Zwiebelkartoffeln

4 bis 6 festkochende Kartoffeln
2 Zwiebeln
2 Esslöffel Butterschmalz
Salz zum Abschmecken
gemahlener Pfeffer zum Abschmecken
1 walnussgroßes Stück frischer Ingwer

Die Kartoffeln unter fließendem Wasser abbürsten, mit der Schale garen, pellen und in dünne Scheiben schneiden. Die Zwiebeln schälen und mit einem Wiegemesser klein schneiden. Den frischen Ingwer ebenso schälen und fein reiben. Das Butterschmalz leicht erwärmen und das Salz, den frisch gemahlenen Pfeffer und den geriebenen Ingwer in das Fett geben und hell anschwitzen. Die Kartoffelscheiben und die Zwiebelstücke dazugeben, die Zwiebelkartoffeln etwa 20 Minuten gut durchdünsten lassen und abschmecken.

> **Wissenswertes:**
>
> *Butterschmalz* wird durch Klären von Butter gewonnen. Bei vorsichtigem Erhitzen und Flüssighalten der Butter setzen sich das geronnene Milcheiweiß und der Milchzucker im Schaum an der Oberfläche und am Boden ab und das in der Butter enthaltene Wasser verdampft. Das dabei entstehende goldgelbe, klare Butterreinfett wird schließlich abgegossen und gefiltert. Butterschmalz eignet sich hervorragend zum Kochen, Backen und Braten. Es kann höher erhitzt werden als Butter und ist länger haltbar. Im Kühlschrank sollten Sie es allerdings gut verschlossen aufbewahren, damit es keine Gerüche von anderen Speisen aufnimmt.

Zwiebel-Zwetschgen-Gemüse

1 große Zwiebel
½ Tasse Gemüsebrühe
5 ungeschwefelte getrocknete Zwetschgen (ohne Stein)
Salz zum Abschmecken
gemahlener Pfeffer zum Abschmecken
Ingwerpulver zum Abschmecken

Die Zwetschgen in Wasser einweichen und einen ½ Tag lang ziehen lassen. Dann die Zwiebel schälen, in Ringe schneiden und in der Gemüsebrühe garen. Inzwischen die Zwetschgen klein schneiden. Die Zwiebelringe und die Zwetschgenstücke etwa 20 Minuten kochen und anschließend mit einem Pürierstab pürieren. Das Zwiebel-Zwetschgen-Gemüse mit Salz, frisch gemahlenem Pfeffer und Ingwerpulver abschmecken und servieren.

Wissenswertes:
Zwiebeln sind sehr gesund. Sie enthalten viele wertvolle Eiweiße, wie Vitamin B und C sowie reichlich Kalzium, Kalium, Phosphor und Zink und werden schwach basisch verstoffwechselt.

Desserts

Ich empfehle Ihnen, Obst morgens roh zu essen. Wenn Sie Obst nach einer kompletten Mahlzeit als Dessert reichen wollen oder zu einer Nachspeise servieren wollen, sollten Sie es allerdings unbedingt vorher dünsten, denn, nach dem Essen verzehrt, gärt rohes Obst im Verdauungssystem.

Apfeldessert

4 Äpfel
Zitronensaft zum Beträufeln
2 Esslöffel Apfeldicksaft
100 Gramm Buchweizenmehl
80 Gramm Butter
Zimtpulver (wenn gewünscht)

Die Äpfel gut waschen, vierteln, das Kerngehäuse entfernen und die Äpfel dann mit Schale in dünne Schnitze schneiden. Die Apfelspalten mit Zitronensaft beträufeln und ziegelartig in einer gefetteten Auflaufform auslegen. Anschließend den Apfeldicksaft mit dem Buchweizenmehl und der Butter vermischen und daraus einen Teig kneten. Die Teigmasse mit einer Gabel locker zu Streuseln verarbeiten. Die Äpfel je nach Geschmack mit etwas Zimtpulver bestreuen. Dann die Streusel über die Äpfel geben und gut verteilen. Das Apfeldessert 20 Minuten lang bei 160 bis 180 °C backen und warm oder kalt genießen.

Tipp:
Probieren Sie dieses Dessert doch einmal mit anderen Früchten aus. Auch mit Birnen ist es eine Delikatesse! Je nach Obstsorte können Sie den Zitronensaft weglassen.

Bratäpfel mit Aprikosen

2 Äpfel
6 ungeschwefelte getrocknete Aprikosen (ohne Stein)
2 Scheiben frischer Ingwer
gemahlene Mandeln (Menge je nach Bedarf)
Saft (wenn gewünscht)
Butter (wenn gewünscht)

Die Äpfel gut waschen und mit einem Apfelausstecher das Kerngehäuse entfernen. Die getrockneten Aprikosen in kleine Stücke schneiden. Die Ingwerwurzel schälen und ebenfalls in kleine Stücke schneiden. Ingwerstücke in den gemahlenen Mandeln wälzen und mit etwas Saft Ihrer Wahl anfeuchten. Anschließend die Ingwer-Mandel-Masse in die Äpfel füllen. Die Bratäpfel in eine Backform geben und 15 Minuten lang bei 180 °C backen. Die Oberfläche der Äpfel können Sie nach 10 Minuten mit etwas Butter bestreichen.

> **Wissenswertes:**
> *Ich rate Ihnen davon ab, dieses durch und durch basische Dessert nach alter Manier beispielsweise mit Rum oder anderen Alkoholika zuzubereiten. Auch eine Füllung mit in Alkohol eingelegten Früchten statt der Basen bildenden Aprikosen hebt die gesunde basische Wirkung der Bratäpfel auf.*

Bratäpfel mit Pflaumen

2 Äpfel
Mandelstifte (Menge je nach Bedarf)
100 Gramm getrocknete Pflaumen (ohne Stein, am besten
*   in Bio-Qualität)*
Zimtpulver (wenn gewünscht)

Die Äpfel gut waschen, dünn schälen und mit einem Apfelausstecher das Kerngehäuse entfernen. Dann die Äpfel rundherum mit den Mandelstiften spicken. Die getrockneten Pflaumen in kleine Stücke schneiden und je nach Geschmack in etwas Zimtpulver wälzen. Anschließend die beiden Äpfel mit Pflaumenstücken füllen. Pro Apfel jeweils ein Stück Alufolie buttern, den Apfel locker damit einschlagen und 20 bis 30 Minuten lang bei 220 °C backen.

> **Wissenswertes:**
> *Wenn Sie Ihre Bratäpfel mit in Rum eingelegten Pflaumen füllen, verlieren diese ihre basische Wirkung. Also rate ich Ihnen auch hier, der Gesundheit zuliebe den Rum besser wegzulassen!*

Anhang

Kräuter, Gewürze und ihre Verwendung

Basilikum

In der südeuropäischen und besonders in der italienischen Küche ist Basilikum eines der beliebtesten Gewürze. Sein frischer, intensiver Geschmack erinnert an Nelken und Muskat. Es gibt zahlreiche Basilikumsorten mit sehr unterschiedlichem Aroma. Basilikum sollte wohldosiert eingesetzt werden. Verwendet werden seine frischen oder auch getrockneten Blätter. Basilikum ist hervorragend geeignet zum Würzen von Gemüsegerichten, Suppen, Salaten, Saucen, Kräuterbutter, besonders aber von Pizza, Tomaten- und Nudelgerichten sowie als Grundlage für Pesto.

Borretsch

Diese Gewürz- und Heilpflanze hat einen gurkenähnlichen und ausgesprochen frischen Geschmack. Mit jungen Borretschblättern können Salate, Suppen, mediterrane Speisen und sogar Desserts verfeinert werden. Seine essbaren blauen Blüten eignen sich hervorragend zum Dekorieren von Salaten und vielen anderen Gerichten.

Dill

Dill ist ein vielseitig verwendbares Gewürz. Besonders für Salate werden die sehr intensiv schmeckenden Dillspitzen verwendet, aber auch für Salatsaucen und Pesto. Aber auch Kräuterbutter, Pellkartoffeln und Brotaufstrichen verleiht Dill eine sehr würzige Note. Bei der Zubereitung von Dillgurken ist dieses Gewürz ein bekannter Klassiker.

Dost

Hierzulande unter dem Namen „Oregano" bekannt, ist der in unseren Breiten auch wild wachsende Dost sowohl eine Gewürz- als auch eine Heilpflanze. Seine Blätter haben einen sehr intensiven Geschmack, der sehr gut zu herzhaften Speisen wie Bratkartoffeln und Schmortöpfen passt. Dost ist ein beliebtes Pizzagewürz. Er verfeinert den Geschmack von Salaten, Hülsenfrüchten und Suppen, wirkt appetitanregend und verdauungsfördernd.

Ingwer

Bei Ingwer handelt es sich um eine Wurzel, die zum Würzen, aber auch als Arzneidroge verwendet wird. Er ist reich an Mineralstoffen wie Kalium, Phosphor, Kalzium, Magnesium und Eisen, stärkt den Magen und das Verdauungssystem sowie das Herz-Kreislauf-System und wirkt sich positiv auf den Blutzuckerspiegel aus. Ingwer riecht und schmeckt erfrischend, leicht nach Zitrone und verbindet die Geschmacksrichtungen süß und scharf. Die in frischem Ingwer enthaltenen ätherischen Öle wirken krampf- und schleimlösend und antibakteriell. Wer den aromatisch scharfen Geschmack des Ingwers liebt, kann ihn zum Beispiel in Eintöpfen und zahlreichen Gemüsegerichten, aber auch für Desserts verwenden. Getrockneter und gemahlener Ingwer ist in zwei unterschiedlichen Sorten erhältlich: Der schwarze Ingwer ist ungeschält und würziger. Der weiße Ingwer ist geschält, oft sogar gebleicht, und milder.

Kerbel

Kerbel kann in allen Rezepten dazugegeben werden, in denen Petersilie verwendet wird. Sein süßlich-aromatischer, leicht pfeffriger Geschmack passt bestens zu Pesto, Salaten, Suppen, Kräuterbutter und ist ein klassischer Bestandteil der Frankfurter Grünen Sauce.

Knoblauch

Knoblauch wirkt antibakteriell, stärkt das Immunsystem und hat blutverdünnende Eigenschaften. Die weltweit bekannte und beliebte Knolle strömt einen markanten Geruch aus, den zwar nicht jeder mag, dafür ist sie aber um so gesünder und verleiht vielen Speisen roh und gekocht eine würzige Note.

Kresse

Von dieser sehr vitaminreichen Gewürzpflanze wird meistens der obere Teil des Keimlings gegessen. Kresse lässt sich auch im Winter in einer Keimschale leicht am Küchenfenster selbst ziehen. Kresse ist eine beliebte Salatzugabe und verleiht auch Suppen und Kräuterbutter eine angenehme Würze.

Kümmel

Kümmel wird als ganze Samen, gerieben oder gemahlen angeboten. Er hat eine appetitanregende Wirkung und unterstützt die Verdauung von blähenden, fetten und säurehaltigen Speisen. Kümmel wird als pikantes Gewürz für Kohl- und Kartoffelgerichte verwendet, aber auch Salaten verleiht er eine einzigartige Note.

Liebstöckel

Diese weitverbreitete Gewürzpflanze ist auch als „Maggikraut" bekannt, was ihren charakteristischen Geschmack treffend umschreibt. Liebstöckel ist eine sehr pikante Bereicherung für Salate, Suppen und Eintöpfe. Liebstöckel ist appetitanregend und stärkt die Verdauungsorgane.

Löwenzahn

Der Löwenzahn ist unser erster Frühlingsbote. Aus seinen zarten jungen Blättern lässt sich fein geschnitten ein leckerer, aber herber Salat zubereiten. Er hat wie viele andere Frühlingspflanzen eine starke blutreinigende Kraft und eignet sich daher vorzüglich für eine Frühjahrskur. Zudem ist Löwenzahn ein wichtiger Vitaminlieferant.

Muskatnuss

Muskatnüsse werden in unterschiedlicher Qualität angeboten. Die beste Sorte ist die ostindische Banda-Nuss. Die Muskatnuss hat einen prägnanten, feurigen und leicht bitteren Geschmack, daher empfiehlt es sich, zum Würzen nur einen „Hauch" Muskatnuss zu nehmen. Da sich ihre ätherischen Öle leicht verflüchtigen, wird Muskatnuss am besten frisch gerieben und erst am Ende der Kochzeit dazugegeben. Muskatnuss passt zu Suppen, Saucen und vielen Gemüsegerichten. Besonders in Blumenkohl-, Kartoffel- und Eiergerichten sowie für Béchamelsauce ist Muskatnuss ein Klassiker.

Nelken

Die kleinen braunen Knospen sind ein vielseitiges Gewürz. Nelken verströmen einen unverwechselbaren und sehr intensiven Geruch. Sie sollten zum Würzen daher sehr vorsichtig dosiert werden. Essen sollte man nur den Nelkenkopf. Er hat einen runden und edlen Geschmack, der Stängel der Nelke ist dagegen fast penetrant bitter. In Brühen, Suppen, Gemüse und auch Punsch, eingelegtem Obst oder Kompott kocht man Nelken ganz mit oder lässt sie mit durchziehen und entfernt sie am Ende der Garzeit oder vor dem Servieren wieder. Nelken können auch in Pulverform untergemischt werden. Aber auch hier gilt: Vorsichtig dosieren!

Paprika

Paprika ist in drei unterschiedlichen Sorten erhältlich: Die rote Delikatess-Paprikaschote ist mild und feurig, die dunkelrote Edelsüß-Paprika ist mild und würzig und die tief dunkelrote Rosenpaprika ist sehr scharf. Paprika passt gut zu Salaten, kann aber auch in Saucen, Suppen und Gemüsegerichten sehr schmackhaft zubereitet werden. Paprika wird auch in gemahlener Form als Pulver zum Würzen verwendet.

Petersilie

Neben der krausen Petersilie, die besonders zum Dekorieren von Saucen, Suppen und Gemüsegerichten geeignet ist, gibt es auch die glattblättrige Gartenpetersilie. Beide Petersiliensorten haben einen hohen Vitamin-C-Gehalt, wobei der Vitamin- und Mineraliengehalt der glatten Petersilie insgesamt höher ist.

Pfeffer

Der Pfeffer ist neben Salz das wichtigste Gewürz und sollte in keiner Küche fehlen. Der schwarze Pfeffer hat von allen Pfeffersorten den intensivsten Geschmack. Er wird aus den unreifen Früchten der Pfefferpflanze gewonnen. Der weiße Pfeffer wurde durch Fermentation oder Schälen von seiner schwarzen Hülle befreit und ist wesentlich milder. Der grüne Pfeffer wird in Essig- oder Salzlake eingelegt und erhält dadurch seine grüne Farbe.

Rosmarin

Die schmalen Blättchen des Rosmarins sind sehr beliebt in der mediterranen Küche. Geben Sie ihn am besten in einem Baumwollsäckchen während der Garzeit zu dem Gericht dazu und lassen ihn bis kurz vor dem Garwerden mit ziehen. Alternativ können die Blätter auch zerstoßen werden. Zum Mittessen sind Rosmarinblätter etwas zu hart.

Schnittlauch

Schnittlauch ist besonders reich an Vitamin C. Er kann sehr vielseitig verwendet werden: fein gehackt oder in feine Röllchen geschnitten für Gemüse, Suppen, Salate, Saucen, Quark oder Kartoffelgerichte. Schnittlauch kann sehr gut auf der sonnigen Fensterbank in einem Blumentopf gezogen werden.

Spitzwegerich

In Salatmischungen, aber auch zum Garnieren von Suppen und Saucen ist der wild wachsende Spitzwegerich dank seines herben Geschmacks sehr beliebt. Die krautige Pflanze hat eine antibakterielle Wirkung und wird als Arzneidroge und Heilpflanze sehr geschätzt. Er wird besonders bei Katarrhen der oberen Luftwege verwendet und wirkt zudem stark verdauungsfördernd.

Wurzelpetersilie

Wurzelpetersilie hat einen intensiven und würzigen, nussigen und leicht süßlichen Geschmack. Sie wird häufig zum Würzen von Suppen und Gemüseeintöpfen verwendet und ist ein fester Bestandteil des Suppengrüns. Wurzelpetersilie kann ebenso für Cremesuppen verarbeitet werden und eignet sich geraffelt auch als Rohkostsalat. Sie ist eine hochwertige Variante der Petersilie. Diese Wurzel ist sehr vitamin- und mineralstoffreich.

Zimt

Zimt war lange Zeit von Geheimnissen und Mythen umwoben, da man keine gesicherten Erkenntnisse über seine Herkunft hatte. Besonders für Süßspeisen und Gebäck ist Zimt ein Klassiker. Zimt sollte jedoch wegen seines intensiven Geschmacks vorsichtig dosiert werden. Dieses Gewürz regt die Magennerven an und stärkt das vegetative Nervensystem. Ceylon-Zimt enthält weniger Cumarin als andere Zimtarten und ist daher vorzu- ziehen.

Zitronenmelisse

Die Blätter der Zitronenmelisse strömen ein feines und erfrischendes Aroma aus, das besonders als Tee, aber auch als Zutat in Salaten und Salatdressings geeignet ist. Aber auch für Saucen kann Zitronenmelisse in Kombination mit Borretsch und Dill verwendet werden.

Basen und Säure bildende Lebensmittel im Überblick

Bei verschiedenen Autoren, die Bücher zum Thema „Übersäuerung" geschrieben haben, werden unterschiedliche Angaben zur basischen und sauren Verstoffwechslung von Lebensmitteln gemacht. Anhand der folgenden Tabelle können Sie sich einen guten Überblick verschaffen:

Basen bildende Lebensmittel:

Frische Gartenkräuter, fast jedes übliche Gewürz, schwarzer Pfeffer, fast jedes Gemüse (auch roh), Kartoffeln, reifes Obst, Pilze, Salate, Wildkräuter

Kokosnuss, Mandeln, Maronen

Bambussprossen, Bohnensprossen, Mungobohnensprossen, Sojasprossen

Kanne Brottrunk®, Pflanzenfette und Öle, kalt gepresst

Gemüsesäfte, frisch zubereitete, Grüne Smoothies, Früchtetee. Kräutertee, Leitungswasser, Lupinenkaffee, Obstsäfte, frisch zubereitet, Tee, grüner, Wasser ohne Kohlensäure mit den wenigsten Mineralien, Zitronensaft

Neutrale Lebensmittel:

Butter, Butterschmalz, Milch, süße Sahne

Olivenöl, Sonnenblumenöl

Salz, Zucker

CereGran®

Leicht Säure bildende Lebensmittel:
Nur in kontrollierter Menge essen!

Buchweizen, Mais, Quinoa, Vollkornreis

Artischocken, Hülsenfrüchte, getrocknete

Achtung! Die meisten Nüsse und Samen werden sauer verstoffwechselt – mit Ausnahme der unter „Basen bildende Lebensmittel" genannten.

weißer, grüner sowie bunter Pfeffer; Pflanzenfette und Öle, kalt gepresst

Alfalfasprossen, Getreidesprossen, Linsen- und Erbsensprossen

Stark Säure bildende Lebensmittel:
So gut es geht meiden!

Amarant, Hirse, gekocht (nicht Braunhirsemehl)

Ahornsirup, Bonbons, Eiscreme, Süßigkeiten

Fertigprodukte aus weißem Mehl, Frühstückszerealien, Gebäck, Getreide und Getreideprodukte, Kuchen, Mehl- und Milchspeisen, viele aus Milch hergestellte Produkte mit hohem Fettgehalt (wie Käse, aber auch Quark), Torten

Rhabarber

alles, was vom Tier kommt und daraus hergestellt wird (wie Fleisch- und Wurstwaren), Eier, Fisch und Meeresfrüchte

Fruchtsäfte (nicht reine, mit Zuckerzusatz), Hagebuttentee, Limonaden (wie Coca-Cola), Malventee

Hilfreich ist auch eine PRAL-Tabelle, wie Sie sie beispielsweise in *Säure-Basen-Balance* von Professor Dr. Jürgen Vormann (6. Auflage, München: Gräfe und Unzer 2012) finden oder im Internet unter: *www.entsäuern-entschlacken.com*, *www.säure-basen-forum.de*, *www.vistaonline.ch* etc.

Wissenswertes:

Würzen Sie lieber anstatt zu salzen, denn auch der Salzgehalt hat einen großen Einfluss auf den Säure-Basen-Haushalt des Körpers. Reduzieren Sie Ihren täglichen Salz-Verbrauch in jedem Fall auf weniger als 6 Gramm – gemeint ist hier jede Art von Salz: Kochsalz, Meersalz, Himalajasalz ...

 Tipp:
Anstelle von süßer Sahne können Sie auch Kokosmilch oder Kokossahne verwenden.

Register der Rezepte

Dank

Einen wesentlichen Anstoß zur Entstehung dieses Buches gab Pater Roman: Er war „ein genussvoller Fleischesser" und wurde innerhalb weniger Tage zum Verfechter der vegetarischen basischen Küche. Auf diese Weise verbesserte er seinen Gesundheitszustand in kürzester Zeit erheblich.

Über die Autorin

Rosemarie Muth erlernte zunächst einen kaufmännischen Beruf und arbeitete als Chefsekretärin. In ihrer Ehe und als Mutter von zwei Söhnen widmete sie sich ihrem freiberuflichen Schaffen als Textilkünstlerin. Ihre textilen Werke wurden in namhaften deutschen und englischen Museen ausgestellt.

Später folgte ein mehrjähriges Studium der Hauswirtschaft, das Frau Muth 1972 als Hauswirtschaftsmeisterin abschloss. Nach ihrer Ausbildung zur REFA-Fachfrau für Hauswirtschaft unterrichtete die Autorin als Ernährungsberaterin in öffentlichen und kirchlichen Einrichtungen der Erwachsenenbildung. 1993 gründete sie mit ihrem Ehemann, dem Heilpraktiker Horst Heinrich Muth, NATURION® (aus dem *Griechischen:* Ort der Natur), eine gemeinnützige Gesellschaft zur Förderung von Naturheilverfahren, und eröffnete mit ihm zusammen im Hochschwarzwald das Vegetarische BioHotel NATURION® mit angeschlossener Naturheilpraxis für Arthrose, Fibromyalgie und Rheuma. Seit 2003 arbeitet die Autorin eng mit der von Eckhard K. Fisseler gegründeten Arthrose-Selbsthilfe zusammen.

Von Rosemarie Muth ist bereits *Aus meiner Naturion®-Küche* erschienen, das 2011 in der 11. Auflage vorlag.
In *Das basenstarke Naturion-Kochbuch* steigt die Autorin – vor dem Hintergrund aktueller medizinischer Erkenntnisse und der von Eckhard K. Fisseler entwickelten Ganzheitlichen Arthrose-Therapie (GAT®) – noch tiefer in die Praxis der basischen Ernährung ein.

Eckhard K. Fisseler

Arthrose

Eckhard K. Fisseler

Arthrose
Der Weg zur Selbstheilung

Bisher über 20.000 erfolgreiche Anwender

Erweiterte und überarbeitete Neuauflage

HANS-NIETSCH-VERLAG

Euro 25,00 (D) • ISBN 978-3-86264-224-3

Victoria Boutenko

DVD – Green for Life

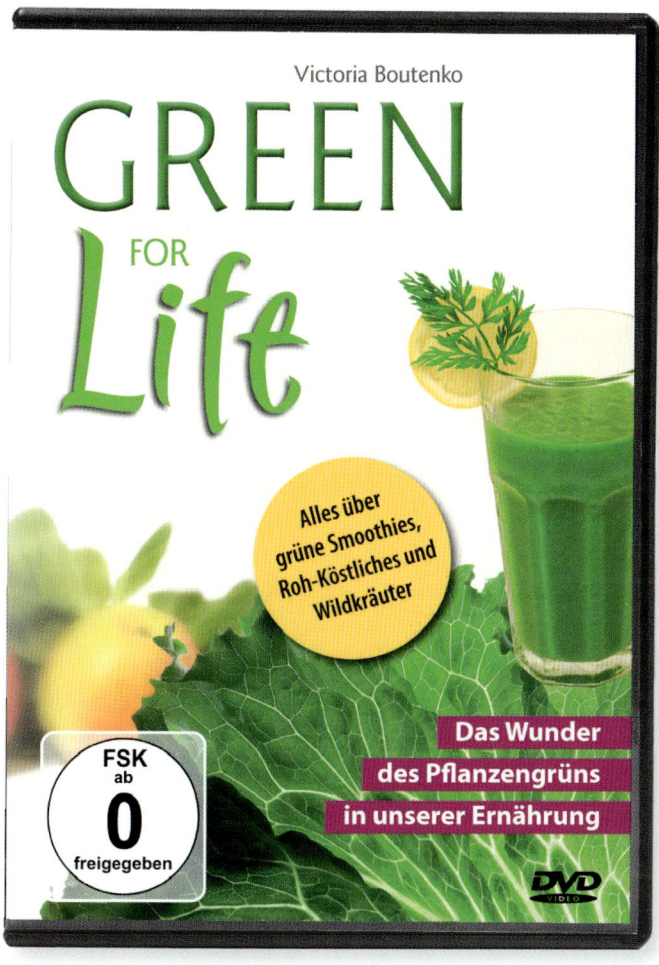

Euro 16,90 (D) • ISBN 978-3-939570-29-9

Victoria Boutenko

Grüne Smoothies

Euro 16,90 (D)
ISBN 978-3-939570-70-7

Victoria Boutenko

Green for Life

Euro 16,90 (D)
ISBN 978-3-939570-43-1